Julius von Frantzius

Die Soolbäder Kreuznach u. Münster a. St

Julius von Frantzius

Die Soolbäder Kreuznach u. Münster a. St

ISBN/EAN: 9783744619561

Hergestellt in Europa, USA, Kanada, Australien, Japan

Cover: Foto ©ninafisch / pixelio.de

Weitere Bücher finden Sie auf **www.hansebooks.com**

Die Soolbäder

Kreuznach u. Münster a. St.

von

San.-Rath Dr. v. Frantzius

in **Kreuznach.**

Zweite Auflage.

Kreuznach, 1896.

Kommissionsverlag von GEORG BARTH

(R. Voigtländer's Sortiment.)

Vorwort.

Meine im Jahre 1881 zuerst erschienene Bade-
schrift über Kreuznach-Münster a. St. hat in der vorliegenden zweiten Auflage nur geringfügige Abänder-
ungen und Erzgänzungen, dagegen, besonders im allgemeinen Theil beträchtliche Abkürzungen erfahren.
Die hier geübte Methode kann als feststehend und
abgeschlossen betrachtet werden, und was den In-
dikationskreis betrifft, so ist derselbe zwar in der
allerletzten Zeit durch den, wie mir scheint vollbe-
rechtigten Versuch auch die Herzkrankheiten hinein-
zuziehen, erweitert worden, jedoch sind der Erfahrungen über die erzielten Resultate noch zu wenige,
um sie schon jetzt in die Besprechung aufzunehmen.
Man wird aber in der Annahme nicht fehl gehen, dass
die Wirkung bei Herzaffectionen wesentlich dieselben
sein werden wie in Nauheim und Oynhausen, wo man
sich ja auch meist auf die Anwendung der einfachen
Sool- und Mutterlaugenbäder beschränkt und von dem
Heilagens, das diese Bäder vor Kreuznach voraushaben,
den kohlensauern Thermen, nur sehr selten und vor-

sichtig bei Herzleiden Gebrauch macht, und dass hier wie dort diesem Kranken in der Hauptsache die Wirkung der Soolbäder auf die vorübergehende Erweiterung der peripherischen Gefässe und die daraus resultirenden günstigen symptomatischen Wirkungen zu gut kommen werden.

Die Besprechung der Diät in einem besonderen Abschnitte habe ich als, wie mich dünkt, werthvoll für Aerzte und Kurgäste, beibehalten.

Die Mitberücksichtigung Münsters a. St., wo Verfasser früher thätig war und noch während der Saison täglich praktizirt, rechtfertigt sich sowohl durch die balneologische Identität beider Bäder als auch durch ihre sehr geringe räumliche Trennung.

Kreuznach, im April 1896.

Der Verfasser.

Inhalt.

I. Einleitung.

Geschichte, Topographie, Klima.

Kreuznach ist vergleichsweise noch ein junges Bad. Obgleich die Soolquellen von Münster und Theodorshalle schon seit Jahrhunderten bekannt sind — die Quellen von Münster werden bereits in einer Urkunde aus dem Jahr 1490 erwähnt — und nicht nur zur Salzfabrikation, sondern auch von jeher von einzelnen Kranken zu Bädern benützt sind, so datirt doch merkwürdigerweise erst von der Entdeckung der den Quellen von Münster und Theodorshalle ganz gleichartigen Elisabethquelle in Kreuznach im Jahre 1832 die eigentliche Entwicklung, nicht nur Kreuznachs, sondern auch jener alten Salinen als Badeorte. Es bedurfte eines gewissen, mit der Entdeckung der Elisabethquelle verbundenen mystischen Reizes (man erzählt, dass der Entdecker schon seit Jahren eine Art von Vision der auf seinem Grundstück verborgenen und endlich wirklich zu Tage geförderten Quelle gehabt habe), dann aber vor allen Dingen der grossen Intelligenz und Thatkraft, mit welcher der Kreuznacher Arzt Dr. Prieger sogleich diese Entdeckung zu verwerthen wusste, um einen Schatz zu

1

heben, der eigentlich seit Jahrhunderten vor Aller Augen unerkannt und unbenützt dalag. So entwickelte sich denn zunächst Kreuznach als Kurort, und zwar in so rascher Weise, dass eine Frequenz von wenigen Hunderten in den ersten Jahren bereits im Jahre 1856 auf 4200, und von da ab stetig und schnell bis auf 8000 im Jahre 1868 stieg, die höchste bisher erreichte Frequenz. Erst verhältnissmässig spät, seit etwa 1860, wo die ersten grössern Kurhäuser daselbst entstanden, folgte Münster nach. Die Gesammt-Frequenz der drei zusammengehörigen Bäder (Kreuznach, Theodorshalle, Münster) hat sich in den letzten Jahren durchschnittlich auf etwa 9000 gestellt, wovon auf Münster etwas über 2000 kommen. Ihr Verhältniss zu einander wird am besten bezeichnet, indem man sagt: bei übrigens völliger balneologischer Identität bilden Münster und die Salinen einen sehr werthvollen und sehr willkommenen ländlichen Appendix zu Kreuznach.

Die Lage Kreuznachs, einer freundlichen wohlhabenden Stadt von 18,000 Einwohnern mit sehr bedeutendem Weinbau und Weinhandel, an der Nahe, am Fuss des Kauzenbergs, des letzten Ausläufers des Haardtgebirges, ist anmuthig, ohne auf hervorragende Schönheit Anspruch machen zu können. Unmittelbar oberhalb der Stadt verengt sich das Thal plötzlich und bildet, besonders bei Münster a. St., recht schroffe und grossartige, mit den Ruinen vieler alten Burgen (Ebernburg, Rheingrafenstein) gekrönte Felsabstürze, denen zu Naturschönheiten ersten Ranges nur die schöne Bewaldung fehlt.

Die geologische Formation besteht unmittelbar bei
Kreuznach aus einem der oberen Glieder der Kohlenformation (Rothliegendes) und aus Diluvium. Dicht
bei der Stadt jedoch, an dem gegenüberliegenden steilen
Naheufer, kann man eine Stelle sehen, wo der Porphyr, welcher von hier ab bis $\frac{1}{2}$ Meile flussaufwärts
das ausschliesslich herrschende Gestein bleibt und sich
in einem mächtigen, durch den Fluss durchbrochenen
und vielfach senkrecht 400—600' abstürzenden Plateau
bis 1100' erhebt, die Kohlenformation durchbricht.

Das Klima von Kreuznach kann man im Allgemeinen als warm, heiter und trocken bezeichnen. Leider
existiren zusammenhängende meteorologische Beobacht-
ungen nur für den 12jährigen Zeitraum von 1851—62
von dem verstorbenen Dr. Dellmann, welcher dieselben in seiner Schrift „Das Klima der mittelrheinischen
Ebene" veröffentlicht hat. Danach betrug für diesen
Zeitraum die mittlere Jahrestemperatur 7,66° R., über-
stieg aber in allen guten Weinjahren (1857, 59, 61,
62) 8° R. Die mittlere Tagesschwankung betrug 4°, 8,
die Zahl der jährlichen Regentage im Mittel 131, die
Regenhöhe 17", 8, was erheblich weniger ist als die
Regenhöhe in allen rheinischen Städten mit Ausnahme
Frankfurts. Die vorherrschende Windrichtung ist WSW.,
die mittlere Barometerhöhe 754 Mm. Durch diese Angaben, wenn man dieselben mit den entsprechenden
anderer Orte vergleicht, charakterisirt sich das Klima
Kreuznachs als eines der wärmsten, trockensten und
heitersten Deutschlands.

Von grösserer Wichtigkeit als diese Mittelzahlen

1*

für das ganze Jahr sind für einen nur im Sommer besuchten Kurort indessen die für die 5 Sommermonate Mai—September, und unter diesen wieder von hervorragendem Interesse die Zahl der mittleren monatlichen Tagesschwankung und die der Regentage. Bei der Berechnung dieser Zahlen aus den Tabellen finden wir für die 5 Sommermonate als Mittel eines Zeitraums von 18 Jahren (1851—1868):

	Mai.	Juni.	Juli.	August	September.
Mittlere Temperatur.	11,3	14,1	15,1	14,9	12,1
Mittlere Tagesschwankung.	6,1	5,8	6,1	6,6	6,8
Zahl der Regentage.	12,3	11,6	11,0	10,3	8,4

Der Oktober fällt gleich mit einem Mittel von 8,5° ab. Aus dieser Tabelle ersieht man, dass die beiden Endmonate der Kur, Mai und September, in Hinsicht ihrer Temperatur noch sehr geeignet für eine Badekur sind, und dass der September der beständigste aller Monate, und nur insofern ungünstiger ist, als er die grösste Tagesschwankung zeigt.

Das milde Klima Kreuznachs und seiner Umgegend kennzeichnet sich auch durch den Reichthum seiner Flora. Hier ist es nicht allein die grosse Anzahl phanerogamischer Gewächse, welche sich nach dem Ausspruch der Botaniker würdig der Flora Thüringens und der Wetterau anreiht, sondern vor allem das Vorkommen zahlreicher Pflanzenspecies, die in südlichen

Gegenden ihre eigentliche Heimath haben, was der hiesigen Flora ihre Eigenthümlichkeit giebt. Ueberrascht fühlt sich der Pflanzenfreund auf seinen Spaziergängen nach den nahen Bergen, wenn er durch üppige Weinberge, die häufig mit (sehr tragbaren) Mandelbäumen bepflanzt sind und durch Gruppen essbarer Kastanien auf die Höhe gelangt und dort an Bergabhängen, auf Felsen und auf Triften die Alpenflora in vielen Gliedern vertreten findet.

Der gesunden Lage und dem klimatischen Charakter entsprechend, ist auch der allgemeine Gesundheitszustand in Kreuznach im Ganzen ein günstiger. Vorherrschend sind, entsprechend dem nicht sehr günstigen, durch heftige Winde stark beeinflussten Klima der Wintermonate, katarrhalische Erkrankungen der Respirationsorgane. Epidemien sind verhältnissmässig selten und treten, seitdem die Entwässerung des Stadttheils hergestellt ist, merklich milder auf als früher. Die Diphtherie ist in Kreuznach eine ziemlich seltene Krankheit.

Hat die Natur vieles für Kreuznach gethan, so ist auch die Kunst nicht zurückgeblieben, um den Kurgästen den Aufenthalt so angenehm wie möglich zu machen. Besonders in den letzten Jahren ist durch Verschönerung des Kurparks, Erbauung einer prachtvollen Wandelbahn, Neuanlage und Verbesserung von Promenaden und Waldwegen, Beschaffung einer Badekapelle von seltener Vortrefflichkeit ausserordentlich viel geschehen, und Kreuznach dürfte in dieser Beziehung wohl mehr bieten als irgend ein anderer, nicht

durch langes Bestehen einer Spielbank pekuniär bevor-
zugter Badeort. Auch das kleine Münster ist nach
Maassgabe seiner schwächeren Kräfte in letzter Zeit
vorangeschritten, es geniesst übrigens den Vortheil,
vermöge seiner schönen ländlichen Lage der künstlichen
Nachhilfe eher entbehren zu können. Die Badeeinrichtungen, besonders im Kurhaus und
in allen grösseren Etablissements sind gut und zweck-
mässig, ohne gerade luxuriös zu sein. Die des Kur-
hauses sind in den letzten Jahren wesentlich verbessert
und bereichert durch Erbauung sehr zweckmässig und
luxuriös eingerichteter Dampf- und Heissluftbäder und
Einrichtung eines neuen Inhalatoriums System Wass-
muth. Auch Münster hat ein Inhalatorium dieses
Systems.

II. Der Heilapparat Kreuznachs.

1. Die Quellen. Ursprung und chemisch-physikalische Eigenschaften derselben.

Geologischer Ursprung.

Die Soolquellen Kreuznachs und der Salinen Karls- und Theodorshalle und Münster a. St., welche geologisch alle zu demselben System gehören und auch nahezu die gleichen chemischen und physikalischen Eigenschaften zeigen, treten sämmtlich entweder direkt, oder, wo Alluvium darüber liegt, indirekt aus dem Porphyrgebirge und zwar sämmtlich aus der Thalsohle zu Tage. Es ist dies Verhalten der Quellen nothwendig begründet in der vielfachen Zerklüftung des hiesigen Porphyrs, in dessen Spalten und Klüften sich die, wie man sich vorstellen muss, von unten heraufgedrückten Quellen einen beliebigen Lauf wählen können, also nach hydrostatischen Gesetzen den kürzesten im Flussbett mündenden wählen.

Die Anzahl der zu diesem System gehörigen Quellen ist sehr gross, und ihr Gebiet erstreckt sich auch auf die bei Münster in die Nahe mündende Alsenz, soweit dieselbe durch Porphyr fliesst. Nur die wenigsten und ausgiebigsten Quellen sind gefasst, in Kreuznach vier, in Münster und auf den andern Salinen, wo sie vor-

nehmlich zur Salzfabrikation dienen, etwa noch ein
Dutzend. Sie sind zum Theil erbohrte, zum Theil von
selbst zu Tage getretene und nur gefasste oder auch
vertiefte Quellen. Obgleich alle diese Quellen dicht
am Flussbett der Nahe liegen, so stehen doch die Soolwässer mit dem süssen Wasser der Nahe in gar keiner
Verbindung, wie daraus hervorgeht, dass sich der Salzgehalt der Quellen mit dem Wasserstand der Nahe
nicht ändert, und das Wasser in ihnen immer vollkommen klar bleibt, so trübe auch die Nahe bei Hoch-
wasser zu gehen pflegt. Auch die Temperatur der
Quellen ist in allen Jahreszeiten constant. Sie schwankt
bei den 19 bekannten Quellen des ganzen Systems
zwischen 8° und 24,5° R., welche letztere Temperatur
nur der Hauptbrunnen in Münster erreicht.

Ueber den geologischen Ursprung der Quellen
gingen die Ansichten der Geologen bis vor Kurzem
noch sehr auseinander, doch scheint es, dass die vor
längerer Zeit von Herrn Laspeyres in seiner Arbeit
über die Melaphyre der Pfalz aufgestellte und durch
zahlreiche Gesteinsanalysen gut begründete Hypothese
bei Weitem die plausibelste ist, nach welcher der hier
wie bei Dürkheim in der Pfalz vielfach zu Tage tretende
Melaphyr der gleiche Ursprungsherd der hiesigen wie
der Dürkheimer Soolquellensysteme wäre.

Chemisch-physikalische Eigenschaften.

Als Repräsentanten für die Charakteristik unsrer
Soolquellen wähle ich unter den vielen drei der wichtigsten zum Kurgebrauch dienenden Quellen aus, näm-

lich die Elisabethquelle in Kreuznach, welche dort ausschliesslich als Trinkquelle dient, den Hauptbrunnen in Carlshalle und endlich den Hauptbrunnen zu Münster a. St. Die nachstehenden, zum Theil noch aus den 50er Jahren stammenden Analysen dieser Quellen mögen vielleicht nicht alle auf dem Standpunkt hoher Vollkommenheit stehen, welchen die Analyse der Mineralwässer gegenwärtig erreicht hat, besonders was die Bestimmung des Lithiums und Strontiums betrifft, indessen werden wir bekennen müssen, dass zur Feststellung des pharmakodynamischen Charakters einer Quelle derjenige Grad von Genauigkeit genügt, welcher die Verhältnisse der wirksamern und in grössern Mengen vorhandenen Bestandtheile mit Sicherheit feststellt. Dieser Grad kann nun trotz mancher Mängel auch in den ältern Analysen als erreicht angesehen werden.

Hienach sind in den genannten Quellen in 1 Liter enthalten:

	Elisabethquelle.	Hauptbrunnen der Carlshalle.	Hauptbrunnen von Münster a. St.
Chlornatrium . .	10,521	11,799	7,900
Chlorcalcium . .	1,875	1,468	1,441
Chlorkalium . .	0,152	(mit Bromcalcium)	0,174
Chlorlithium . .	0,062	—	0,033
Chlormagnesium .	—	—	0,192
Bromnatrium . .	0,049	—	0,076
Jodnatrium . . .	0,0004	—	0,0005
Kohlens. Kalk .	0,126	—	0,145
Kohlens. Magnesia	0,237	0,199	—
Kohlens. Eisenoxydul	0,030	0,098	0,004
Kieselsäure . . .	0,013	—	0,023
Summe der festen Bestandtheile .	13,1654	13,564	9,9885
Kohlensäure . .	0,317	—	0,191
Temperatur n. R.	9,6⁰	19,04⁰	24,6⁰

Die vollkommene Analogie in der Zusammensetzung dieser verschiedenen Quellen leuchtet ein; verschieden sind sie nur durch die Temperature und durch
Unterschiede in der Concentration.

3. Die Mutterlauge.

Nachdem aus der gradirten Soole durch mehr-
tägiges Sieden und Abdampfen das Kochsalz zum
grössten Theil herauskrystallisirt ist, bleibt eine klare,
bräunliche, ölartige Flüssigkeit von scharfem, bitterlich-
salzigen Geschmack und hohem spezifischen Gewichte
zurück, die sogenannte Mutterlauge. Dieselbe muss,
wie aus ihrer Entstehung und der Zusammensetzung
der gradirten Soole hervorgeht, die Elemente der
letztern minus Wasser und Kochsalz enthalten, wird
also eine sehr concentrirte, namentlich Chlorcalium
enthaltende Salzlösung sein. Die neuere Chemie hat
in derselben ausser den schon bekannten Bestandtheilen
der gradirten Soole noch Chlorlithium in nicht ganz unbeträchtlicher Menge, und ausserdem, vermittelst der
Spectral-Analyse, die neu entdeckten Alkalien Cæsium
und Rubidium in bedeutenden Spuren nachgewiesen.

Die Zusammensetzung der Mutterlauge ist natürlich eine nicht ganz constante, wie aus ihrer Entstehung
leicht begreiflich ist. Je länger nämlich die Abdampf-
ung und das Auskrystallisiren des Chlornatrium fortgesetzt wird, desto concentrirter und desto ärmer an
Kochsalz wird der Rückstand sein, und desto höher
dessen spezifisches Gewicht; je früher man dagegen
den Abdampfungsprocess unterbricht, desto mehr an

Kochsalz und Wasser wird zurückbleiben. In Folge dessen schwankt das spezifische Gewicht der Mutterlauge zwischen 1,29 und 1,35, und der Gehalt an Chlorcalcium zwischen 300 und 150 in 1000 Theilen. Nach der im Jahre 1892 von Herrn K. Aschoff ausgeführten Analyse waren in 1000 Theilen enthalten:

Chlorcalcium	210,92
Chlorstrontium	11,40
Chlormagnesium	14,40
Brommagnesium	6,40
Jodmagnesium	0,01
Chlorkalium	5,52
Chlornatrium	36,10
Chlorlithium	25,43
	310,18
Spec. Gew.	1,309

Die Mutterlauge bildet bekanntlich den wichtigsten Verstärkungs-Zusatz unserer Bäder, und wir werden sehen, eine wie grosse Rolle ihr Hauptbestandtheil, das Chlorcalcium, überhaupt unter den Bestandtheilen unserer Quelle spielt. Sie wird unter dem Namen „Kreuznacher Mutterlauge" in alle Welt verschickt, und wie gross bereits der Bedarf an diesem Heilmittel ist, mag man daraus ersehen, dass im Ganzen auf den beiden Salinen gegen 600,000 Liter Mutterlauge jährlich erzeugt werden, welche gegenwärtig sämmtlich zu Bäderzusätzen, theils in Kreuznach und Münster selbst, theils auswärts verbraucht werden.

4. Die Salinenatmosphäre.

Auch die Salinenatmosphäre spielt unter den Heilagentien eine nicht unwesentliche Rolle. Die Luft in

der Nähe der Gradirwerke enthält nämlich, wie man
leicht nachweisen kann, Salztheilchen suspendirt, wie
es überall der Fall ist, wo eine Salzlösung (Meerwasser
oder Soole) mechanisch durch die bewegte Luft zer-
stäubt wird. Während nämlich die Flüssigkeitstheilchen
der zerstäubten Salzlösung in diesem fein zertheilten
Zustande sehr schnell verdunsten, bleiben die festen,
salzigen Bestandtheile zurück und werden vermöge ihrer ausserordentlichen Kleinheit lange Zeit in der Luft
schwebend erhalten, wo sie sich dem Geruch und zuweilen, bei langem Aufenthalte in solcher Atmosphäre,
selbst dem Geschmack deutlich kundgeben. Am Ufer
sehr salzhaltiger Meere, und besonders bei starkem
Winde, ist die Luft bekanntlich so geschwängert mit
Salztheilchen, dass bei längerem Aufenthalt die Haut
der unbedeckten Körpertheile sich mit einer dünnen
Salzkruste bedeckt. Bei der schwächern Soole unserer
Saline kommt diese Erscheinung nicht vor; aber auch
hier ist die Menge der in die Atmosphäre übergehen-
den Salztheile nicht unbedeutend, die Möglichkeit einer
therapeutischen Einwirkung auf die Athmungsorgane
also auch nicht ganz zu läugnen. In jedem Fall aber,
mag man diese Einwirkung auch noch so gering an-
schlagen, sind die Gradirwerke vermöge der erheblichen
Abkühlung der benachbarten Luft durch den an ihnen
vorgehenden enormen Verdunstungsprozess an heissen
Sommertagen eine nicht gering zu schätzende Wohlthat
für die Badegäste.

III. Pharmakodynamischer Charakter der Quelle.

Sehen wir ab von dem allen Mineralquellen gemeinsamen Lösungsmittel ihrer festen Bestandtheile, dem Wasser, und von der Temperatur, welche wir beliebig verändern können, so bleiben die im Wasser gelösten festen oder gasförmigen Bestandtheile übrig, in deren chemischer Constitution der spezifische Charakter und die eigenthümliche Wirkungsweise, also die Heilsphäre jeder Mineralquelle, begründet ist. Denn obwohl die Balneologie, trotz mancher wichtiger Untersuchungsresultate der letzten Jahrzehnte, noch sehr weit davon entfernt ist, eine streng wissenschaftlich begründete Pharmakodynamik aller Bestandtheile einer Quelle aufstellen zu können, so müssen wir, wollen wir anders nicht uns in ganz haltlose und glücklich überwundene Speculationen über die Wirkung eines spezifischen Brunnengeistes oder ganz minimaler Bestandtheile verlieren, doch immer wieder auf die quantitativ und pharmakodynamisch hervorragenden Bestandtheile zurückkommen, so oft wir den Versuch machen wollen, den therapeutischen Charakter einer Heilquelle zu kennzeichnen.

Unterwerfen wir demgemäss die wichtigern Bestandtheile unsrer Quellen einer kurzen Betrachtung; so begegnet uns zuerst als quantitativ hervorragendster Körper ($85^0/_0$ aller festen Bestandtheile) das **Chlornatrium.** Ohne Zweifel werden wir diesem Bestandtheile auch in Bezug auf die Wirkung unsrer Quellen einen hervorragenden Platz einräumen müssen, es fragt sich nur, ob, wie Viele wollen, auch den ersten. Dass das Kochsalz eine bedeutende Rolle in dem thierischen Haushalt spielt, und ein constanter und nicht unerheblicher ($0,4^0/_0$) Bestandtheil des Blutes und fast aller thierischen Gewebe und Flüssigkeiten ist, ist eine bekannte physiologische Thatsache, die hier ausführlich zu belegen nicht am Platze ist. Gleichwohl ist die eigentliche physiologische Rolle, die es im thierischen Organismus bei der Verdauung und Ernährung spielt nichts weniger als mit Gewissheit festgesellt. Mit einiger Sicherheit dürfte folgendes darüber auszusagen sein: Die vermehrte Zufuhr des Chlornatriums in den Körper vermehrt nicht nur die Diurese, sondern hat auch eine Beschleunigung des Stoffumsatzes der stickstoffhaltigen Gewebe zur Folge, d. h. die Menge des ausgeschiedenen Harnstoffes und Kochsalzes nimmt zu, und diese Zunahme ist nicht allein die Folge der vermehrten Wasserausscheidung (Ausspülung des Harnstoffes), sondern das Resultat bleibt auch bei langer Dauer des Versuchs constant (Bischof und Voit). Die Resorption und Wiederausscheidung des Kochsalzes durch den Urin geht sehr schnell vor sich. Dass es im Blut und in den die thierischen Gewebe durchtränkenden Flüssigkeiten die Protein-Körper in Lösung

erhalte, und dass mässige Zusätze (bis zu $1\frac{1}{2}\%$) von
Kochsalz zur Verdauungsflüssigkeit diese Auflösung
beschleunigen, ist durch Versuche von Lehmann und
Frerichs erwiesen. In den Magen eingeführt wirkt
es jedenfalls fördernd auf die Lösung und Verdauung
der Stärke- und Eiweisskörper und trägt ausserdem
indirekt zur Verdauung bei, indem es ohne Zweifel das
Material zur Bildung der Salzsäure im Magen liefert.
Es wirkt ferner entschieden als Reizmittel auf die
Schleimhaut des ganzen Verdauungskanals und aller
damit in Verbindung stehender Absonderungsorgane
und bewirkt eine vermehrte Absonderung derselben.
Der Kochsalzgehalt des Schweisses, des Speichels, der
Thränen ist nach reichlichem Genuss von Chlornatrium
vermehrt. Die exosmotische Wirkung des Kochsalzes,
d. h. die Entziehung von Wasser aus dem Blut, ist
gering und kommt nur bei Einführung sehr concentrirter
Lösungen in Betracht, welche bekanntlich wässerige
Stuhlgänge bewirken. Kochsalzlösungen auf die äussere
Haut applizirt (als Bad, Umschlag), werden von der
Epidermis imbibirt (Clemens) und wirken von da aus
auf die im Corium verbreiteten sensiblen (Santlus)
und vasomotorischen Nervenfassern als Reiz. Eine
weitere directe Folge dieses Reizes ist eine Modification
(Beschleunigung) des Stoffwechsels, indem nämlich, wie
aus der vermehrten Sauerstoffaufnahme und Kohlen-
säureausscheidung hervorgeht, die Wärmeproduction
erhöht wird (Zuntz und Röhrig).
Als mittlere tägliche Dosis (pharmakologisches
Aequivalent) des Chlornatriums kann man 5—10 Gramm

annehmen, welche Menge ungefähr der bei einer Kreuznacher Brunnenkur täglich eingeführten entspricht. Er-
wägt man freilich, dass wir nach einer ungefähren Berechnung als Würze unserer Speisen täglich durchschnittlich 10—15 Gramm Kochsalz zu uns nehmen,
abgesehen von den 1—2 Gramm, die darin als natürlicher Betandtheil enthalten sind, dass ferner eine
kräftig gesalzene Fleischbrühe eine Kochsalzlösung von
nicht sehr viel geringerer Concentration als unsere Soolquelle darstellt, so erscheint es wohl zweifelhaft, ob eine
so unbedeutende Vermehrung eines täglichen Nahrungs-
mittels irgend welche erhebliche therapeutische Wirkungen auszuüben vermöge, und ob denn wirklich dem
Kochsalz und nicht vielmehr dem Chlorcalcium die erste
Stelle bei dem innern Gebrauch unserer Quellen einzuräumen sei.

Chlorcalcium. In der Brunnensoole in zweiter
Reihe, in der Mutterlauge dagegen an erster Stelle steht
das Chlorcalcium. Ueber seine physiologischen Wirkungen und die Veränderungen, die es im Körper er-
leidet, wissen wir noch weniger, als es beim Kochsalz
der Fall ist. Während das Chlornatrium wahrscheinlich fast ganz unzersetzt in das Blut und aus dem Blut
in den Harn übergeht, also überall (mit Ausnahme
seines etwaigen Antheils an der Salzsäurebildung im
Magen) nur durch den Contact wirkt, gelangt das Chlorcalcium schwerlich ohne Zersetzung in das Blut, indem
die im Darmkanal enthaltenen und dort an andere
Basen gebundenen Säuren (Schwefelsäure, Phosphor-
säure, Kohlensäure) sich zum Theil des Kalkes be-

mächtigen und das Chlor frei machen werden. Seine pharmakodynamischen Wirkungen sind jedenfalls intensiver als die des Chlornatriums, indem schon nach Gaben von 2—3 Grammen Ekel, Erbrechen und tumultuarischer Durchfall mit Sinken des Pulses erfolgte. Albuminhaltige Flüssigkeiten coagulirt es, auf die Nervenfasern wirkt es entschieden als Reizmittel.

Als Arzneimittel ist es in Deutschland wenig bekannt, oder vielmehr obsolet, jedoch sowohl früher in Deutschland (Heineken), als noch in neuerer Zeit besonders in Frankreich und England wiederholt als Antiscrofulosum angewandt und empfohlen. Bazin empfiehlt es besonders bei Scrofulose der Schleimhäute (2 gramm pro die) bei Blepharitis ciliaris, Coryza scrofulosa, Impetigo der Nasenschleimhaut; ebenso Odier in noch grössern Gaben. Von englischen Aerzten wird es ebenfalls, obwohl nicht allgemein, bei Scrofulose und gegen Unterleibs-Tumoren angewandt. Dem Verfasser ist sogar ein Fall bekannt, in dem ein berühmter englischer Frauenarzt einer mit einer Ovarial-Geschwulst behafteten Dame den Gebrauch von Kreuznach abrieth, ihr dagegen Chlorcalcium innerlich verordnete. Andere, z. B. Cooper, gaben es, allerdings ohne grossen Erfolg, ebenfalls gegen Scrofulose. Sind somit die mit Chlorcalcium gemachten Heilversuche auch noch sehr unvollständig, so dass wir etwas Sicheres über seine Wirkung und den Antheil, den es bei der Wirkung unserer Soole hat, zur Zeit noch nicht wissen, so leitet doch, wie wir sehen werden, Manches darauf hin, demselben in unseren Quellen einen hervorragenden Platz,

wenn nicht den ersten, einzuräumen, und es nicht allein
als Adjuvans des Chlornatriums und in seiner bal-
neotherapeutischen Wirkung als identisch mit demselben
anzusehen.

Was die übrigen Chlorverbindungen anbetrifft, so
können wir dieselben ihrer geringen Menge und ihrer,
mit denen des Chlorcalciums wohl analogen, Wirkungen
wegen wohl unberücksichtigt lassen; mit Ausnahme
vielleicht des:

Chlorlithium, welches in dem nicht ganz unbe-
trächtlichen Verhältniss von 0,05 pro Mille auftritt, und
dem wohl die sehr häufig beobachteten günstigen Wirkungen unsrer Quellen bei rheumatischen Affectionen zugeschrieben werden dürfen. — Die Bromsalze sind in
der Quelle mit 0,08 in der Mutterlauge mit 8,5 pro
Mille vertreten. Früher hielt man den damals noch
ziemlich neuen Körper auf Grund ganz abenteuerlicher
Analysen bekanntlich für den in der Mutterlauge her-
vorragendsten Bestandtheil und stellte es geradezu an
den Platz, den jetzt das Chlorcalcium einnimmt. Aber
obgleich jener Bromschwindel längst aufgedeckt und
zurückgewiesen ist, und durch spätere exaktere Analysen
dem Brom ein bescheidener Platz unter den Bestandtheilen unserer Quelle angewiesen ist, so gilt unser
Bad doch noch immer, auch bei dem ärztlichen Pub-
likum, als ein wesentlich bromhaltiges, das gerade diesem
Bestandtheile seine vor anderen Soolquellen hervorragende Wirkung verdankt. Es stehen dieser Anschauung freilich nicht unerhebliche Bedenken entgegen, sowohl in Bezug auf die in unserer Quelle enthaltene

Menge dieses Körpers, als auch in Bezug auf seine,
durch die bisherigen Erfahrungen festgestellte, Wirkungssphäre. Denn während nach allen bisherigen Erfahrungen die wirksame Dosis des Bromkaliums mindestens
0,5—1,0 Gramm beträgt, so verleibt sich ein Badegast, selbst wenn er seine tägliche Brunnendosis bis auf
die schon nicht unbedenkliche Höhe von 1 Liter steigert,
doch nur höchstens 0,04 Gramm davon ein, und was
die therapeuthische Wirkungssphäre des in neuerer
Zeit so viel angewandten Mittels betrifft, so liegen noch
gar keine Angaben darüber vor, dass demselben, ausser
seiner allgemein anerkannten Wirkung als Nervinum
und Antispasmodicum, auch noch eine in den Indicationskreis Kreuznachs fallende Wirkung zukomme. Man
wird sich in Bezug auf die Wirksamkeit des Broms bei
dem innern Gebrauch der Quelle also jedenfalls etwas
skeptisch zu verhalten haben. Ob dasselbe aber in dem
mit Mutterlauge verstärkten Bade, wo es in Folge
dessen in sehr viel stärkerem Procentsatz auftritt, irgend
eine specifische Reizwirkung auszuüben vermöge, ist
wegen Mangel einschlägiger Versuche unbekannt, aber
gewiss nicht ohne Weiteres von der Hand zu weisen.

Kohlensaures Eisenoxydul. Obgleich es, wenigstens in der Elisabethquelle in nicht unbeträchtlicher
Menge (0,03 gegen 0,05—0,08 in den stärkern Eisen-
quellen) auftritt, so wird es von den Hauptbestand-
theilen derart überwuchert, dass seine relative Menge sehr
zurücktritt und man daher sein Vorkommen in unsern
Quellen als besonders wichtig kaum betrachten darf.

IV. Anwendungsformen.
Wirkungsweise und Gebrauch.

1. Die Badekur.

Wenden wir uns zuerst zur Besprechung der Badekur als derjenigen Anwendungsform, welcher, nach der wohl ziemlich übereinstimmenden Ansicht aller Aerzte, der bei weitem grösste Antheil an den Wirkungen Kreuznachs zuzusprechen ist.

Die Wirkungen eines Mineral-Bades setzen sich bekanntlich zusammen aus den Einzelwirkungen des Wassers, seiner Temperatur und der in dem Badewasser gelösten festen oder gasförmigen Bestandtheile, wozu nach neueren Untersuchungen (Heymann und Krebs) etwa noch die Wirkung der im Bade auftretenden elektrischen Ströme treten würde. Die nähere Erörterung der beiden ersten, allen Bädern gemeinschaftlichen, Agentien, sowie der noch wenig erforschten elektrischen Badewirkungen unterlasse ich, als in das Gebiet der allgemeinen Balneologie gehörig und will nur, als für uns besonders wichtig, ganz kurz diejenigen Resultate resümiren, welche sich aus den zahlreichen, über den Einfluss der Badetemperatur angestellten Versuchen bisher mit Sicherheit ergeben haben, bevor ich auf die uns specieller interessirende

Wirkungsweise der im Bade gelösten Salze eingehe:
Diese Versuche haben ziemlich übereinstimmend folgendes ergeben: 1) Bäder, deren Temperatur unter dem
Indifferenzpunkt, d. h. erheblich unter der Hauttemperatur liegt (20—26⁰ R.) setzen die Körpertemperatur
etwas herab, regen aber gleichzeitig im Organismus
Vorgänge an, welche die Wärmeproduction erhöhen
und den Stoffumsatz steigern, wie aus der vermehrten
Ausscheidung der Kohlensäure und des Harnstoffes bei
gleichzeitig vermehrter Sauerstoffaufnahme hervorgeht.
Direkt beobachtet wird eine Reizung der contractilen
Elemente der Haut (Blässe, Gänsehaut), also in Folge
davon vermehrte Fluxion nach dem innern Organe;
ferner: Verlangsamung des Pulses am Anfang mit
folgender Hyperämie der Haut und Pulsbeschleunigung. Bei weiterer Herabsetzung der Badetemperatur oder sehr langem Aufenthalt im kühlen Bade
tritt endlich Herabsetzung der Wärmeproduction und
verminderter Stoffumsatz ein. 2) Ueber dem Indifferenzpunkt temperirte Bäder (28—32⁰ R.) erhöhen
die Körpertemperatur und bewirken anfangs Pulsbeschleunigung und Hauthyperämie, während sie den
Stoffumsatz herabsetzen.

Wenden wir uns jetzt zur Besprechung der uns
hier speciell interessirenden Wirkungen der im Bade
aufgelösten Salze, so drängen sich uns dabei besonders
drei wichtige Fragen auf, nämlich: 1) Welches sind die
directen physiologischen Wirkungen des Sool- und
Mutterlaugenbades, abgesehen von denjenigen seiner
Temperatur? 2) Auf welchem Wege werden dieselben

vermittelt, durch Resorption oder durch Contactwirkung? und endlich 3) Wie ist dabei die specifisch verschiedene Wirkung chemisch verschieden constituirter Bäder zu erklären?

Was die erste Frage betrifft, so scheinen die nicht sehr zahlreichen Untersuchungen darüber (Lehmann Beneke, Zuntz und Röhrig), wenn anders sich besonders die letztgenannten im ganzen Umfange bestätigen sollten, bestimmt darauf hinzuweisen, dass die in der Soole und Mutterlauge gelösten Salze in ganz ähnlicher Weise als den Stoffumsatz steigernde Reize wirken wie unter dem Indifferenzpunkt liegende (kühle) Bäder, indem sie eine Vermehrung der Kohlensäureausscheidung und der Sauerstoffaufnahme, sowie auch eine geringe Vermehrung der Harnstoffausscheidung bei Zurückhaltung der Phosphate bewirken. Auch soll sich diese Wirkung mit der Stärke des durch die Salzzufuhr bewirkten Reizes, d. h. bei Verstärkung des Bades steigern. (?) Diese Untersuchungen bedürfen wohl noch der Bestätigung, sie würden aber, wenn definitiv bestätigt, eine sehr wichtige Grundlage für die Theorie der Salzbäderwirkung und der Bäderwirkung überhaupt liefern.

Die zweite Frage, die nach dem Wie? der Soolbäderwirkung, führt uns auf die seit etwa 20 Jahren viel und lebhaft ventilirte Streitfrage, ob die im Bade gelösten Bestandtheile durch die Haut resorbirt und direct in die Säftemasse aufgenommen werden, oder ob sie nur durch den Contact als Hautnervenreize wirken, welche dann auf reflectorischem Wege andere

Wirkungnn auslösen. Ohne mich auf diese, mehr in die allgemeine Balneologie gehörige, Debatte näher einzulassen, will ich hier nur kurz resumiren, dass zwar nach den heutigen Anschauungen die Möglichkeit der Resorption der festen Badebestandtheile durch die Haut nicht geleugnet werden kann und auch, wenigstens für differente medicamentöse Stoffe experimentel erwiesen ist, dass man aber trotzdem doch wohl nur der Reizwirkung auf die Hautnerven und weiter auf die Hautgefässe und den dadurch hervorgerufenen Veränderungen im Gebiet der Blutvertheilung, der Wärmeproduction und schliesslich des ganzen Stoffwechsels die beobachteten Wirkungen der Bäder zuschreiben darf.

Nach dieser kurzen, bei einer zusammenhängenden Besprechung der Wirkungsweise eines Bades nicht zu vermeidenden, Abschweifung auf das Gebiet der allgemeinen Balneologie wenden wir uns zur speziellen Besprechung der Anwendungsmethode und Wirkungsweise der Kreuznacher Bäder.

Die Methode der Anwendung unserer Bäder, wie sie die Praxis bei uns lange vor den neueren Untersuchungen über die physiologischen Wirkungen der Mutterlaugenbäder allmählich festgestellt hat, entspricht wesentlich den Forderungen, welche heute die Theorie eben auf den Grund jener Untersuchungsresultate an dieselbe zu stellen hätte.

Die Anwendung unserer Bäder geschieht nämlich weitaus in den meisten Fällen bei einer Temperatur, welche etwas unter dem — bei verschiedenen Individuen natürlich etwas verschiedenen — Indifferenzpunkt liegt (24—26⁰ R.), so dass also schon allein durch die Temperatur des Bades eine, fast in allen Fällen in unserm Heilplan liegende, den Stoffumsatz steigernde Wirkung erzielt wird. Von dieser Regel wird man nur in seltenen, durch die besondere Natur des Leidens oder den besondern Kräftezustand des Patienten bedingten Ausnahmefällen abzuweichen haben. Wie weit unter dem Indifferenzpunkt, d. h. wie kühl man die Badetemperatur zu wählen hat, hängt natürlich ganz von dem besondern Fall, und vor allen Dingen von der Constitution und dem Kräftezustand des Patienten ab; niemals darf man darin so weit gehen, dass anstatt der beabsichtigten Anregung des Stoffwechsels eine Herabsetzung desselben bewirkt wird. — Da unsere natürliche Soole in den meisten Fällen erfahrungsgemäss nicht concentrirt genug ist, um einen merklichen Hautreiz auszuüben (oder um genügende Mengen ihrer Bestandtheile zur Resorption gelangen zu lassen), so verstärken wir dieselbe fast immer durch Zusätze von Mutterlauge (oder auch wohl von gradirter Soole), und zwar indem wir diese Zusätze von Bad zu Bad allmählig so lange vermehren, bis die bezweckte Reizwirkung in genügender Weise erreicht scheint, und womöglich nicht bis zu dem Grade, dass Symptome von Ueberreizung auftreten.*)

---

*) Ich füge hier einige Daten bei über das procentische Verhältniss, in welchem die hier übrigen Mutterlaugenzusätze das einfache Soolbad verstärken: Nimmt man den Procentgehalt unserer Soole zu 1,2 %/₀ (Münster u. St. 1 %/₀) und den durchschnittlichen Inhalt der Badewannen zu 220 Liter an, so bedarf es eines Zusatzes von 5 Liter (in Münster 6 Liter) Mutterlauge, um den

Das richtige Mass ohne zu langes Herumprobiren
für jeden einzelnen Fall zu finden, ist natürlich Sache
der Erfahrung und besonders auch eines gewissen
richtigen Tactes in Bezug auf das, was man der Constitution und der Reizbarkeit des Patienten zumuthen
darf. Die Dauer des Bades ist von grösster Wichtigkeit, und man muss leider sagen, dass hierin, sowie
auch in Betreff der Temperatur nach dem Grundsatze
„Viel hilft viel" von Patienten, und selbst auch von
Aerzten viel gesündigt wird. Ich halte eine Dauer
des Bades von 20—30 Minuten für die allermeisten
Fälle für durchaus genügend, um die beabsichtigte
Wirkung zu erzielen, eine viel längere Dauer meist
für geradezu schädlich, weil, wie auch der physiologische
Versuch lehrt, durch eine zu lange Dauer eines kühlen
Bades leicht ein zu grosser Wärmeverlust — besonders
bei schwächlichen Constitutionen — und schliesslich
anstatt erhöhter Wärmeproduction und vermehrtem

Gehalt des Bades auf 2 $^0/_0$, und von weitern Zusätzen von je 6
(resp. 7) Litern, um den Gehalt um je 1 $^0/_0$ weiter zu erhöhen, so
dass z. B. zur Herstellung eines 3procentigen Mutterlaugenbades
ein Zusatz von 10—12 Liter nothwendig ist. Ein Bad mit 10 Liter
Mutterlauge, also ein ungefähr 3procentiges Bad, betrachten wir
hier nach unsern Erfahrungen schon als ein starkes Bad, ein
2procentiges Bad (5 Liter) als ein Bad mittlerer Stärke, und wenn
von andrer Seite ein 5procentiges Soolbad erst für ein Bad von
mittlerer Stärke erklärt wird, so scheint dies doch für eine erheblich stärkere Wirkung unserer Mutterlauge zu sprechen. — Die
vorstehenden Angaben können auch zugleich als Anhalt für die
Bereitung künstlicher Kreuznacher Bäder zu Hause dienen. Man
bereite sich also zunächst mit Kochsalz oder Seesalz ein 1procentiges
Soolbad (2 Pfund auf je 100 Liter Badewasser) und setze dann die
nöthig befundene Quantität Mutterlauge in derselben Weise zu,
wie es hier geschieht.

Stoffumsatz leicht das Gegentheil mit der Folge allgemeiner Depression herbeigeführt werden kann. Man sollte daher stets in solchen Fällen, wo man eine besonders energische und schnelle Badewirkung erzielen will, anstatt lange ausgedehnter Bäder, lieber zwei Bäder in weit auseinander liegenden Tagesstunden verordnen; dadurch ist man einer cumulirten Wirkung viel sicherer, als durch Verordnung stundenlanger Bäder und vermeidet nebenbei die schädlichen Nebenwirkungen solcher.

Sind Temperatur, Stärke und Dauer des Bades dem speciellen Fall angemessen gewählt, so durchströmt den Badenden, nachdem er den ersten Eindruck der Kühle überwunden hat, sehr bald ein Gefühl des Behagens und der Erleichterung, während im entgegengesetzten Fall erhebliche Pulsbeschleunigung, Blutandrang nach dem Kopf, Schwindel, oder aber auch andauerndes Kältegefühl, Beklemmung, abnormes Sinken des Pulses anzeigen, dass in irgend einer Hinsicht (meist hinsichtlich der Temperatur) nicht das richtige Maass eingehalten ist. Im Allgemeinen sind die Zeichen einer gelinden Depression, wie z. B. nach zu kühlen Bädern einzutreten pflegt, vorausgesetzt, dass bald nach dem Bade die nöthige Reaction (Wärmegefühl, Hautturgor, Zunahme der gesunkenen Pulsfrequenz) eintritt, erfahrungsgemäss weniger zu fürchten als die der Aufregung in Folge zu heisser oder zu langer Bäder, und es stimmt dies wieder sehr gut mit den Resultaten der phisiologischen Versuche, welche, wie wir gesehen haben, im ersten Fall Beschleunigung, im zweiten dagegen Verlangsamung des Stoffumsatzes nachwiesen.

Urinabsonderung. Gewöhnlich macht sich schon im Bade Urindrang und vermehrte Urinabsonderung bemerklich; doch ist dies kein constantes Symptom, und mag auch wohl mehr als eine Folge der abgeschnittenen Hautausdünstung, denn als ein specifisches Symptom der Soolbäder zu betrachten sein. Jedoch wurde vermehrte Abscheidung eines Theils der festen Harnbestandtheile, besonders des Kochsalzes und um ein weniges auch des Harnstoffes, dagegen verminderte Ausscheidung der Phosphate von allen Beobachtern (Lehmann, Bencke) constatirt.

Haut. Die Hautausdünstung wird zwar während des Bades selbst zurückgehalten, nach dem Bade aber ist die gesammte Hautthätigkeit, sowohl durch die Erweichung und Abspülung der Epidermisschuppen, als auch in Folge des Reizes auf die Nervenendigungen des Coriums gesteigert. Ein Gefühl von Leichtigkeit, Geschmeidigkeit und Wohlbehagen pflegt der subjective Ausdruck dieser Wirkung des Bades auf die Hautthätigkeit zu sein. — Während ferner warme Bäder sonst die Empfindlichkeit der Haut gegen die erkältenden Einflüsse der Luft zu steigern pflegen, üben die Soolbäder im Gegentheil eine abhärtende Wirkung auf dieselbe aus. Es ist dieses eine interessante und sehr characteristische Erscheinung, welche auf eine kräftige Reaction des Organismus auf den Reiz, welchen die Soolbäder auf die Haut ausüben, schliessen lässt. — — Zuweilen, und manchmal schon nach wenigen und schwachen Soolbädern, manchmal erst nach längerem Gebrauch der Bäder mit starken Zusätzen von Mutter-

lauge oder gradirter Soole, reagirt die äussere Haut
auf die reizende Einwirkung der Soole durch die
Eruption eines papulösen oder selbst pustulösen Haut-
ausschlags, dem früher wohl vielfach als kritischem
Badeausschlag eine besondere Wichtigkeit beigelegt
worden ist. Dass er eine solche schwerlich besitzt,
geht schon zur Genüge daraus hervor, dass er bei reizbarer Haut oft schon nach wenigen Bädern hervortritt,
bei unempfindlicher Haut aber selbst nach den stärksten
Zusätzen zuweilen ausbleibt. Immerhin wird man das
Auftreten desselben als ein Zeichen, dass die Grenzen
der beabsichtigten Hautreizung erreicht sind, betrachten,
und von weiterer Verstärkung des Bades vorläufig Abstand nehmen müssen.

Allgemeine Wirkungen. Mit der Beschleunigung
des Stoffumsatzes Hand in Hand gehen gewöhnlich ge-
steigerter Appetit und in Folge dessen, dem vermehrten Umsatz entsprechend, vermehrte Nahrungszufuhr.
In jedem Fall ist dies eine sehr wichtige und wün-
schenswerthe Erscheinung, deren dauerndes Ausbleiben
wohl zu beachten ist, da es stets den Verdacht erregt,
dass entweder die Verordnungen nicht richtig getroffen
sind, oder dass die Badekur überhaupt für den Fall
nicht passt, oder endlich, dass heimliche Diätsünden
vorliegen; ausgenommen natürlich die Fälle von schon
vorher gänzlich darniederliegendem Appetit, in denen
eine plötzliche Besserung durch die Badekur nicht er-
wartet werden kann. — Zuweilen, jedoch durchaus nicht
in allen oder selbst nur in den meisten Fällen, tritt
nach einer Reihe von Bädern ein Zustand ein, den

man nicht mit Unrecht als Sättigung des Organismus
durch die Bäder bezeichnet hat. Derselbe äussert sich
durch ein Gefühl allgemeinen Unbehagens, Widerwillen
gegen das Bad, Frostgefühl im Bade, Eingenommenheit
des Kopfes, Appetitlosigkeit und selbst geringe Fieber-
bewegung: Symptome, welche man auch beobachtet,
wo mit der Badekur keine Trinkkur verbunden war,
und die man daher unzweifelhaft als Wirkung der
Ersteren anzusehen hat. — Eine Verstärkung der Bäder,
sei es durch Mutterlauge oder durch gradirte Soole hat
nicht nothwendiger Weise eine verhältnissmässige Erhöhung der sichtbaren Wirkung zur Folge, vielmehr
erträgt der Körper oft bedeutende Zusätze ohne vermehrte Reaction, während zuweilen ganz geringe Zusätze von Mutterlauge, ja selbst das reine Soolbad, so
bedeutende Reactions-Erscheinungen hervorrufen, dass
wir zur Verdünnung des Bades schreiten müssen.

Aus dem Vorstehenden ergeben sich naturgemäss
bestimmte, sehr wichtige und nicht leicht ungestraft
zu vernachlässigende allgemeine Regeln bei der Anwendung unserer Bäder, die natürlich durch jeden besonderen Fall mehr oder weniger modificirt werden:
Die Temperatur soll also vor allen Dingen nicht so
hoch genommen werden, dass sie am oder über dem
individuellen Indifferenzpunkt liegt, damit nicht entweder gar keine Reizwirkung eintrete, oder gar die,
der beabsichtigten entgegengesetzte, Wirkung der heissen
Bäder eintrete. Der Indifferenzpunkt muss aber für
jeden einzelnen Fall erst festgestellt werden, da er bei
verschiedenen Individuen, wenn auch in engen Grenzen,

schwankt. Andererseits soll weder die Temperatur so niedrig gegriffen, noch die Dauer der Bades so lange ausgedehnt werden, dass die so wichtige Reaction nach dem Bade ausbleibt und allgemeine Depression mit schliesslicher Verlangsamung des Stoffumsatzes die Folge ist. Der Badende soll sich mässig im Bade bewegen, damit immer neue, noch nicht am Körper erwärmte Schichten der Badeflüssigkeit mit der Haut in Berührung kommen und ihren Kältereiz auszuüben vermögen. Die verstärkenden Zusätze müssen der Constitution und dem Kräftezustand des Patienten sorgfältig angepasst sein. Nach dem Bade soll der Eintritt der Reaction möglichst erleichtert werden, was in der Regel am besten durch Ruhe und Erwärmung im Bette geschieht. Nur in den seltenen Fällen, wo bei diesem Verhalten die Reaction doch ausbleibt, ist nach dem Bade zunächst lebhafte Bewegung zu verordnen; zuweilen führt am schnellsten ein wenige Minuten dauernder lebhafter Gang durch's Zimmer mit nachfolgender Ruhe im Bett zum Ziel. — Alles dies gehört recht eigentlich zur badeärztlichen Kunst, und in der schnellen und richtigen Anwendung und Modification seines beschränkten Heilapparates im gegebenen Fall bewährt der Badearzt seine Kunst und seinen Tact als Specialist. Auch mag das Gesagte dazu dienen, den Beweis zu liefern, dass ein Badearzt in einem so differenten Bade kein so entbehrlicher Luxus ist, wie manche Patienten, und selbst manche Hausärzte, welche ihre Patienten, mit ein Paar dürftigen Regeln für den Gebrauch der Kur ausgestattet, in die Bäder schicken, zu glauben scheinen.

Denn fast wichtiger noch als ein Mittel selbst, kann manchmal die richtige oder verkehrte Anwendung desselben sein, und gerade in Kreuznach möchte nichts leichter sein, als durch verkehrte, von dem Grundsatz „Viel hilft viel" geleitete Anwendung der hiesigen Kurmittel, eine der beabsichtigten gerade entgegengesetzte Endwirkung zu erzielen.

2. Die Trinkkur.

Die Möglichkeit, unsere Quellen auch innerlich anwenden und dadurch die Gesammtwirkung der Kur wesentlich erhöhen zu können ist ein wichtiger Vorzug derselben vor vielen andern Soolquellen. Sie beruht, wie wir gesehen haben, auf der Abwesenheit der schwer verdaulichen schwefelsauren Salze und auf dem sehr günstigen Verhältniss der beiden Hauptbestandtheile, welche beide in einer für eine energische Wirkung eben noch genügenden und doch für den Geschmack und die Verdaulichkeit auch noch nicht zu grossen Quantität darin enthalten sind.

Die mittlere Dosis unseres Brunnens beträgt für Erwachsene etwa 750 Gramm, für Kinder je nach dem Alter, 250—500 Gramm. Eine erhebliche Ueberschreitung dieser Dosis, besonders wenn das Wasser schnell hintereinander einverleibt wird, bewirkt leicht Druck und Völle im Magen, Aufstossen und schliesslich Diarrhoe, letztere wahrscheinlich eher die Wirkung der zu starken Dosis des Chlorcalcium als des Kochsalzes, dessen Dosis auch bei schon grossen Quantitäten des Brunnens noch keine übergrosse ist. Der Geschmack

des Wassers ist leicht salzig mit einem schwach bitter-
lichen, von dem Chlorcalcium und Chlormagnesium her-
rührenden, Beigeschmack und erregt nur sehr selten
und fast nur bei Kindern anfangs Widerwillen. In mittleren Gaben genommen wirkt das Wassser anregend
auf Appetit und Verdauung durch vermehrte Absonderung der Schleimhaut des Digestionstractus. Der Stuhlgang, der anfangs bei manchen Patienten etwas verlang-
samt ist, regelt sich meist sehr bald, und nur sehr selten, bei grosser Verdauungsschwäche, tritt schon bei
mässigen Gaben stürmische Diarrhoe ein, welche dann
eine entsprechende Verringerung der Dosis anzeigt.
Denn so wünschenswerth und wichtig bei dem innern
Gebrauch des Soolwassers ein geregelter und eher beschleunigter als retardirter Stuhlgang ist, so würde
doch eine direct abführende Wirkung des Wassers, wie
sie die meisten Laien als durchaus erforderlich für eine
erspriessliche Kur halten, in den meisten Fällen eine
viel zu sehr schwächende Wirkung haben.

Die physiologische und therapeutische Gesammtwirkung des innern Gebrauchs unserer Quellen resultirt
aus denjenigen Wirkungen, welche wir bei der Besprechung ihres pharmakodynamischen Charakters für
die einzelnen Hauptbestandtheile feststellen konnten.
Hiernach wirkt die Quelle schon vermöge ihres Koch-
salzgehaltes als Reizmittel auf die Schleimhaut des Verdauungskanals und aller damit in Verbindung stehen-
den Absonderungsorgane, sowie als Lösungsmittel für
die Stärke- und Eiweisskörper der Nahrungsmittel, also
mit einem Wort: fördernd auf die Verdauung, und,

wie auch aus der vermehrten Absonderung der meisten
Harnbestandtheile hervorgeht, auf den Stoffumsatz, besonders der stickstoffhaltigen Gewebe. Mit dieser Wirkung nothwendig verbunden, ist eine Beschleunigung
der resorbirenden Thätigkeit des Organismus (regressive
Metamorphose), insbesondere auch in Bezug auf krankhafte Ablagerungen, eine Wirkung, welche ausserdem
noch durch den bedeutenden Gehalt der Quelle an
Chlorcalcium, dem wir noch eine besondere resorbi-
rende Wirkung zuschreiben müssen, erheblich verstärkt
wird. Ob und in welcher speciellen Weise sich dagegen das Brom an der Gesammtwirkung betheiligt,
ist noch unbekannt.

Das Wasser wird gewöhnlich Morgens nüchtern,
in vielen Fällen ausserdem auch Nachmittags, in Dosen
von 100—150 Gramm getrunken, und es ist diese
wohl bei allen Trinkkuren gebräuchliche Methode wegen
der schnellern Verdauung dem Trinken nach dem Frühstück meist vorzuziehen. Eine lebhafte Brunnenpromenade von 40 Minuten bis 1 Stunde ist Patienten, deren
Kräfte und Leidenszustand es erlauben, jedenfalls anzurathen, sowohl wegen der allgemeinen hygienischen
Wirkung einer starken Körperbewegung, als auch
weil die Verdauung des Brunnens dadurch befördert
wird. Man beginnt am ersten Tage die Kur meist
mit einer kleinen Dosis und steigt erst allmählich bis
zu dem Maximum. Es ist dies trotz der im Ganzen
milden Wirkung unseres Wassers eine sehr anzu-
rathende Vorsicht, damit man nicht in den Fall komme,
durch eine anfangs zu stark gegriffene Dosis die Verdauung des Patienten von vornherein zu stören.   3

Wenngleich die Wirksamkeit der Trinkkur der
jenigen der Badekur bei Weitem nicht gleichzusetzei
ist, so ist sie doch immer ein wichtiges Unterstütz
ungsmittel jener und ein sehr wesentlicher Theil dei
gesammten Kur und sollte, wo nicht ganz bestimmte
Gegenindicationen es verbieten, stets mit zur Anwendung gezogen werden. Denn auch abgesehen von ihrei
directen, der der Badekur ziemlich analogen physiologischen und therapeutischen Wirkung, ist auch
ihr diätetischer und, wenn ich mich so ausdrücken darf,
pädagogischer Werth nicht leicht zu hoch anzuschlagen.
Sie zwingt den Patienten zu einem täglichen, regel-
mässigen Morgenspaziergang, macht ihm die Noth-
wendigkeit und Wichtigkeit der diätetischen Verordnungen und Verbote glaubwürdiger und lässt ihn dieselben deshalb ernster nehmen, und füllt endlich auch
seine Zeit mehr aus. Vor allen Dingen aber muss man
nicht vergessen, dass Laien die Wirksamkeit des innern
Gebrauchs einer Quelle viel besser einleuchtet als die
eines Bades, und dass Glaube und Vertrauen nicht zu
verachtende Bundesgenossen bei Kurverordnungen sind,
Zweifel und Misstrauen aber mächtige Hindernisse.

3. Oertliche Anwendung der Kurmittel.

Neben der Trinkkur und den Bädern findet die
örtliche Application der Soole und ihrer Verstärkungs-
mittel eine sehr ausgedehnte und wichtige Anwendung,
sei es in Form von Umschlägen, Waschungen oder
Local-Bädern, welche auf die äussere Haut, sei es als
Einspritzungen, welche auf die Schleimhäute applicirt

werden. Sie dienen als sehr wesentliche Unterstützungen
unserer Kur, und von Anfang an haben die Kreuznacher Aerzte auf die Wichtigkeit ihrer Anwendung
hingewiesen. Ihre Wirkung ist eine zweifache: Einmal
wirken sie nämlich als energische äussere Hautreize,
die man viel dauernder appliciren kann als die allgemeinen Bäder, dann aber dürfen wir für sie, — wenigstens da, wo wir sie auf Schleimhäute appliciren —
entschieden und ohne Widerspruch eine Resorption ihrer
festen Bestandtheile annehmen. Je nach der Stärke der
Zusätze oder Empfindlichkeit der Haut rufen sie früher
oder später Hautröthe, Brennen und endlich Eruptionen
von Exanthemen auf die äussere Haut hervor, während
sie, auf die Schleimhäute applicirt, die eigenthümlichen
Erscheinungen, mit welchen diese auf Reize zu reagiren
pflegen, veranlassen. Ihre Anwendung, besonders auf
die Schleimhäute, verlangt natürlich besondere Vorsicht
und Ueberwachung, um nicht über das beabsichtigte
Maass des Reizes hinaus zu gehen.

4. Inhalation der Soole.

Wir haben oben gesehen, dass die Atmosphäre an
den Gradirwerken, ähnlich wie die Luft am Meeres-
strande, mit kleinen, darin suspendirten, Salztheilchen
geschwängert ist, welche sich auch für das subjective
Gefühl durch den eigenthümlichen Geruch bemerklich
machen. Diese Analogie erstreckt sich auch auf die
nächsten Wirkungen beider, indem hier wie dort die er-
frischende, anregende Luft zu tiefern Inspirationen auf-
fordert und schon hierdurch einen wohlthätigen Einfluss

3*

auf den Stoffwechsel, sowie auch auf die Kräftigung, resp. Ausbildung der Respirationsmuskeln und somit der Lungen selbst ausübt. Ausserdem üben natürlich aber auch die eingeathmeten Salztheilchen, wenn ihrer auch nur wenig bis in die Lungen gelangen mögen, eine directe Wirkung auf die Bronchialschleimhaut aus, welche in vermehrter Absonderung der Bronchien und leichterer Lösung und Expectoration derselben besteht. Dass bei der Anwendung des Soolwassers in dieser Form die Indicationen noch vorsichtiger zu prüfen sind als bei der vorhin besprochenen örtlichen Anwendung der Soole und Mutterlauge, und dass sie bei grosser Reizbarkeit der Bronchialschleimhaut und Neigung zu Hyperämie derselben streng ausgeschlossen ist, bedarf kaum einer Andeutung. Ihre berechtigste und erfolgreichste Anwendung findet sie bei dem chronischen, nicht entzündlichen trockenen Katarrh der feinern Bronchien, wie er besonders häufig bei Kindern mit scrofulöser Anschwellung der Bronchialdrüsen vorkommt.

In allen Fällen aber ist dies Mittel mit grosser Vorsicht zu gebrauchen wegen der grossen Temperaturdifferenz (bis zu 4º R.) dicht an den Gradirwänden und ausserhalb und wegen der Gefahr der Erkältung, welche darin liegt. Man muss daher in allen Fällen, wo eine Disposition zu Erkältungen besteht, die Inhalationen lieber in dem dazu bestimmten und eingerichteten Kabinet mit Inhalationsapparaten vornehmen lassen, welche ausserdem den Vortheil der beliebigen Concentration der zu inhalirenden Soole bieten. —

Versuchen wir nun am Schluss dieser Betracht-

ungen uns über die Pharmakodynamik, die Wirkungsweise und die Hauptanwendungsformen unserer Quellen
ein Bild zu machen von der Art des Zustandekommens
der therapeutischen Gesammtwirkung einer Kreuznacher Badekur, so möchte dies etwa Folgendes sein:
Durch jedes einzelne, genügend verstärkte und unter
dem Indifferenzpunkt temperirte Bad von nicht zu
langer Dauer wird — abgesehen von den möglichen
Wirkungen der Resorption — jedesmal ein gewisser
Reiz auf die im Corium verlaufenden Nervenendigungen,
und zwar, wie wir einmal annehmen wollen, vorzugsweise auf die vasomotorischen Nerven der
kleinsten im Corium verlaufenden Gefässe während
der ganzen Dauer des Bades ausgeübt. Die nächste
Folge dieses Reizes wird Zusammenziehung dieser Gefässe und Anämie der Haut und weiter eine conse-
cutive Fluxion nach den Muskeln und innern Organen
sein, in welchen also während längerer Zeit ein
grösserer Reichthum arteriellen Blutes, und in Folge
davon auch eine Beschleunigung des vorzugsweise hier
vorsichgehenden Stoffumsatzes, resp. der Zersetzung
der stickstoffhaltigen Gewebsbestandtheile stattfinden
wird. Dieser Periode des Reizes und der Hautanämie
folgt aber, oder soll wenigstens normalerweise folgen,
eine längere Periode der Reaction, d. h. der Erschlaffung und Hyperämie der Hautgefässe und
der Beschleunigung der Circulation in denselben, wodurch wieder die vorübergehend in den innern Organen
in vermehrtem Grade gebildeten und angehäuften Zer-
setzungsproducte schnell in den ganzen Blutkreislauf

und besonders auch in den der Haut übergeführt werden und sowohl durch die vermehrte Urinabsonderung, als auch durch die jetzt ebenfalls gesteigerte Hautsecretion schneller zur Ausscheidung gelangen. Gerade dieser sich täglich wiederholende schnelle Wechsel zwischen Fluxion nach den innern Organen und Entlastung derselben, zwischen Anämie und Hyperämie der Hautgefässe, zwischen Anregung der Zersetzung und der Ausscheidung scheint mir ein sehr wichtiges Moment zu sein zur Erklärung der therapeutischen Endwirkungen der Kreuznacher Kur, besonders was die Resorption krankhafter Ablagerungen durch dieselbe betrifft. Denn denken wir uns diese Vorgänge, die, einzeln genommen, vielleicht immer eine ganz minimale Wirkung haben mögen, eine Reihe von Wochen hindurch täglich sich wiederholend und hierzu nun noch die in analoger Weise thätigen, ebenfalls den Stoffumsatz anregenden, Wirkungen der Trinkkur, der Diät und der vermehrten Bewegung in freier Luft tretend, so können wir uns wohl eine Vorstellung davon machen, wie durch die sich cumulirende Wirkung aller dieser Einzelwirkungen schliesslich eine mächtige Anregung der Resorptionsvorgänge im Organismus und im Ganzen eine gewaltig umstimmende Thätigkeit ausgeübt werden kann. Und das sind ja in der That die therapeutischen Endeffecte, welche durch eine Kreuznacher Kur meistens erzielt werden sollen und in so vielen Fällen wirklich auch erzielt werden. Freilich gehört zum Zustandekommen derselben ein noch grosses Mass von Widerstands- und Reactionsfähigkeit, ein wichtiger Gesichtspunkt, der niemals ausser Acht gelassen werden sollte!

Diese Schlussbetrachtung leitet uns ganz von selbst auf das Kapitel der Indicationen für Kreuznach, welche sich zum grössten Theil, wenn anders das Bild, welches wir uns von der Wirkungsweise unseres Bades soeben zu machen versuchten, nicht ein falsches war, natürlich und zwanglos aus dieser und den vorausgegangenen Betrachtungen ergeben müssen, oder auch andrerseits dadurch ihre Beschränkung erfahren werden.

V. Die Indicationen.

Im Folgenden beabsichtigt der Verfasser, wie schon angedeutet wurde, mehr im Allgemeinen den therapeutischen Wirkungskreis unseres Bades unter speziellerer Berücksichtigung nur der wichtigsten und am häufigsten hier zur Behandlung kommenden Krankheitsformen zu umschreiben, als gerade sämmtliche Krankheiten abzuhandeln, die unter Umständen etwa in Kreuznach mit Erfolg behandelt werden könnten, oder auch hie und da behandelt worden sind. Er glaubt durch ein solches Verfahren dem denkenden Arzt eine viel bessere und sicherere Handhabe bei Feststellung der Indication für Kreuznach in jedem bestimmten Fall zu bieten, als durch das andere, noch hie und da beliebte, durch welches man freilich — nicht zum wirklichen Vortheil, wie ich glaube — den Indicationskreis unseres Bades bis in's Unendliche erweitern kann. Denn es mag ja schliesslich wohl nur wenige chronische Krankheitszustände geben, bei welchen nicht unter besondern Umständen und Bedingungen unser Bad eine günstige Wirkung auszuüben vermöchte und auch wohl in dem einen oder andern Fall ausgeübt hat; und wenn man alle diese vereinzelten Fälle als eben so viele Indicationen aufmarschiren lassen will, so ist es freilich nicht schwer, eine recht stattliche Armee davon in Reih' und Glied zu bringen.

Dem gegenüber werden wir vielmehr daran festhalten, dass Bäder — vielleicht mit Ausnahme der Eisenbäder — keine Specifica für gewisse Krankheiten sind, und dass daher nicht sowohl die Krankheitsform, der so oder so benannte Krankheitsprozess massgebend ist für die Feststellung der Indicationen für dieses oder jenes Bad, als vielmehr der individuelle Krankheitsfall, der bei diesem so constituirten Individuum und unter diesen Bedingungen auftretende Krankheitsprozess; so dass also einerseits dieselbe Krankheitsform (nicht Krankheitsfall) je nach Umständen für sehr verschiedene Bäder passen kann, andererseits aber auch dasselbe Bad für sehr verschiedene Krankheitsformen.

Wir werden daher in erster Reihe Werth darauf legen, durch eine mehr allgemeine Characteristik der Indicationen für Kreuznach den Arzt in den Stand zu setzen zu entscheiden, ob im bestimmten Fall — sei es von Drüsen, sei es von Haut- oder Uterinleiden — wo ein Bad überhaupt in Frage kommt, Kreuznach indicirt ist oder nicht, und es scheint mir dies um so richtiger und wichtiger, als ich überzeugt bin, dass der bei Stellung der Indication von richtigen, allgemeinen Prinzipien geleitete Hausarzt, welcher die Constitution des Patienten und die Bedingungen, unter denen er krank ist, genau kennt, meistens weit besser in der Lage ist, das richtige Bad für denselben auszuwählen als der Badearzt, der den Kranken zum ersten Mal sieht.

Sodann aber, da es natur- und erfahrungsgemäss eine gewisse Anzahl von Krankheitsformen ist, bei denen die Bedingungen für eine Kreuznacher Kur besonders häufig auftreten, und welche deshalb hier besonders häufig zur Behandlung kommen (z. B. die sogenannten scrofulosen Krankheitsformen, die Haut- und Frauenkrankheiten), so werden wir dem allgemeinen Abschnitt noch eine ausführlichere Besprechung der bei demselben hier geübten Behandlungsweise und der dabei gewonnenen therapeutischen Erfahrungen folgen lassen. Sollten bei dieser Besprechung manche Krankheiten, die man sonst unter den Indicationen für Kreuznach aufgezählt findet, fehlen, so ist der Grund davon nicht in einer zu weitgehenden Skepsis zu suchen, sondern eben in dem vorher entwickelten Gesichtspunkt, von welchem ich die ganze Indicationsfrage betrachte.

Die therapeutischen Wirkungen jeder Heilquelle resultiren aus der Pharmakodynamik ihrer Bestandtheile und der Methode ihrer Anwendung. Die Quelle ist das Instrument, die richtige Methode ihrer Anwendung die Kunst, gut und richtig darauf zu spielen. Die Methode kann und muss dem einzelnen Fall entsprechend variirt werden und je nachdem sie abgeändert wird werden, auch die Wirkungen in gewissem Grade abgeändert und modificirt werden; im Ganzen und Wesentlichen sind diese, und somit auch die Indicationen aber doch bestimmt und umschrieben durch den pharmakodynamischen Character der Quelle. Somit müssten sich aus einer vollkommenen Kenntniss aller pharmakodynamischen Wirkungen einer Quelle die Indicationen eigentlich von selbst ergeben.

Sind wir nun auch von einer solchen vollkommenen Kenntniss nach dem dermaligen Stand der wissenschaftlichen Balneologie noch weit entfernt, so gehören doch immerhin die Soolquellen mit zu den wissenschaftlich am besten erforschten Quellen; und wenn auch nicht Alles, was nach unserer jetzigen Kenntniss die also wohl noch unvollkommene Theorie zu fordern scheint, der Erfahrung entspricht, so setzt uns doch das, was wissenschaftlich über die Wirkungen unserer und ähnlicher Quellen erforscht ist, bereits in den Stand, den Indicationskreis unseres Bades ziemlich richtig, d. h. der Erfahrung entsprechend, daraus herzuleiten und ihn auch gegen den ähnlich aber doch verschieden constituirter Quellen ziemlich scharf abzugrenzen.

Demgemäss und unter Hinweis auf das in den beiden vorhergehenden Kapiteln darüber gesagte glaube ich nun den Indicationskreis Kreuznachs im Allgemeinen durch folgende Sätze umschreiben zu können:

1) Die Bäder Kreuznachs sind angezeigt:

In erster Reihe in allen denjenigen Fällen, wo durch anormale Richtung der assimilirenden Thätigkeit örtliche Ernährungsstörungen mit chronisch-entzündlichem Character entstanden sind und zur Ablagerung pathologischer Producte, und zwar vorzugsweise hyperplastischer und hypertropischer Natur, geführt haben. (Schwellungen der Lymphdrüsen, manche chronisch-entzündliche Affectionen des Periosts, der Knochen, der weiblichen Sexualorgane, manche chronische Exantheme).

In zweiter Reihe, wo die allgemeine Ernährung, besonders jugendlicher, in der Entwicklung begriffener Individuen, aus irgend einer Ursache darniederliegt, sei es, dass die Aufnahme, sei es, dass die Assimilation der Nahrung mangelhaft vor sich geht (allgemeiner scrofulöser Habitus, Rhachitis, Hautschwäche); endlich

Wo sich in Folge vorausgegangener, aber abgelaufener acuter oder chronischer Entzündungsprocesse feste oder flüssige Exsudatmassen abgelagert haben, welche der Resorption widerstehen.

2) Contraindicirt sind dagegen die Bäder von Kreuznach in denjenigen, in die obigen Kategorien gehörigen, Fällen, wo 1) die Erscheinungen der chronischen Schwellung noch mit irgend erheblichen Fiebererscheinungen verbunden sind, und wo 2) das Mass der noch vorhandenen Widerstandskraft ein so geringes ist, dass die zur Vervollständigung und Ausgleichung der Bäderwirkung nothwendige Reaction ausbleibt, oder bei schwächlichen Individuen die durch die Bäder verursachte Beschleunigung des Stoffwechsels nicht mit einer

Vermehrung der Nahrungszufuhr und Assimilation Hand in Hand geht.

3) Heteroplastische Neubildungen, degenerative Processe in den grossen Unterleibsdrüsen, sowie auch die mit endlichem Gewebszerfall resp. Verkäsung verbundenen chronisch-entzündlichen Processe in der Lunge, ja selbst in der Regel schon die in den Lymphdrüsen, sind erfahrungsgemäss der Wirkung unseres Bades nicht mehr erreichbar.

Gilt das Gesagte auch mehr oder weniger von allen Soolquellen, so bestehen doch ohne Zweifel auch sehr erhebliche Unterschiede zwischen den Indicationen von Kreuznach-Münster einerseits und denen anderer Soolquellen, sowie der ähnlich zusammengesetzten Seebäder andererseits, die sowohl auf Unterschieden in der Zusammensetzung, als auch solchen des Anwendungsmodus, des Klima's etc. beruhen können: Ein Soolbad wie Kreuznach, mit Quellen von ganz eigenthümlicher, mit derjenigen keiner anderen Soolquelle völlig identischer, Zusammensetzung, mit einer ihm ebenfalls eigenthümlichen, sehr sorgfältig ausgebildeten Methode der innern und äussern Anwendung derselben, mit seiner, gegen die der meisten andern Soolquellen sehr bevorzugten klimatischen und geographischen Lage, bildet gewissermaassen einen abgeschlossenen balneologischen Organismus von ganz individuellem Gepräge und besitzt deshalb auch einen von dem aller andern Soolquellen verschiedenen, wenn auch mit demselben sich mehr oder

weniger schneidender, Kreis von Indicationen. In Bezug auf manche der andern Soolbäder ist der Unterschied in der Wirkung wohl nur ein quantitativ verschiedener, wie z. B. in Bezug auf diejenigen, welche
erheblich geringere Mengen von Chlorcalcium und Brom
enthalten; dagegen werden wir eine qualitativ verschiedene Wirkung constatiren müssen: erstens für die
eigentlichen Jodquellen und zweitens für die chemisch
und physicalisch wesentlich anders constituirten gas-
reichen Soolthermen, deren Hauptrepräsentanten Rheme
und Nauheim sind, und endlich für die Seebäder, und
zwar in der Weise, dass für die Jodbäder die bekannte
pharmakodynamische Wirkung des Jod entweder hinzu-
tritt oder allein in Frage kommt, und dass bei den
Soolthermen mehr die allgemein anregende, den Stoffwechsel und die Ernährung befördernde Wirkung, bei
unsern Quellen daneben aber auch noch besonders die
mächtige Beförderung der Resorption in den Vorder-
grund tritt. Eine noch ausschliesslicher auf die Anregung der Ernährung beschränkte Wirkung werden
wir endlich den Seebädern vindiciren müssen, bei denen
bei der Kürze des Aufenthaltes im Bade wohl nur die
Wirkungen des Hautreizes und der Seeluft in Betracht
kommen.

Ausser dem Unterschied in der chemisch-physika-
lischen Constitution der Quellen wird natürlich auch
zuweilen die Rücksicht auf die klimatischen Verhältnisse einen Unterschied in den Indicationen sonst ähnlicher Soolbäder bedingen, und es wird dabei in vielen
Fällen das gleichmässige, trockene und warme Klima

Kreuznachs und der günstige Umstand, dass wohl von
allen deutschen Soolbädern Kreuznach am frühesten
und am spätesten zu benutzen ist, den Ausschlag geben.
Zum Schluss noch ein Wort über die hier häufig
ventilirte Frage nach dem Unterschied zwischen Kreuznach und Münster a. St., eine Frage, die sich hier in
Folge der gegenseitigen Eifersucht gewöhnlich zu der
Formel zuspitzt: Ist Kreuznach oder Münster stärker
d. h. also wirksamer? Wir haben schon oben konstatirt,
dass es ganz unzulässig ist, irgend einen wesentlichen
Unterschied zwischen den Quellen und der Wirkung
beider Bäder, die vielmehr mit den dazwischen liegenden Salinen ein Ganzes bilden, anzunehmen. Wie die
Quellen demselben geologischen System angehören, so
haben sie auch eine ganz analoge chemisch-physikalische
Constitution, und der Unterschied verschiedener Kreuznacher Quellen untereinander (Elisenquelle und Oranien-
quelle) ist nicht geringer als z. B. der zwischen der
Elisenquelle und dem Hauptbrunnen zu Münster. Die
höhere Temperatur der Münsterer Quelle (24° R.) in-
volvirt gar keinen Vorzug, weil man ja die Elisenquelle
auch beliebig zum innern Gebrauch erwärmen lassen
kann, wo es erwünscht sein sollte; eher dürfte schon
die etwas geringere Concentration derselben, welche
bezeichnender Weise in dem Concurrenzkampf zwischen
den beiden Bädern als Hauptwaffe Kreuznachs gegen
Münster dient, in seltenen Fällen bei dem innern Gebrauch als kleiner Vorzug Münsters in sofern gelten
können, als eine Verdünnung der Quelle mit Wasser
noch seltener in Frage kommen dürfte als in Kreuz-

nach. Der einzige anzuerkennende und bei Stellung der Indication zu berücksichtigende Unterschied zwischen den beiden Bädern liegt anderswo: Münster ist stiller und ländlicher als das Grossbad Kreuznach und bietet deshalb für solche Patienten, die Abgeschiedenheit und Ländlichkeit lieben, grössere Annehmlichkeit. Auch für schwächliche Kinder aus grossen Städten, für die selbstverständlich Landluft die angemessenste ist, mögen Münster und Theodorshalle im Ganzen vorzuziehen sein, obgleich es auch jetzt in Kreuznach eine sehr grosse Anzahl frei und so gut wie ländlich gelegener Wohnungen giebt.

1. Scrophulose.

Den unter dem Namen der Scrophulose zusammengefassten pathologischen Erscheinungen liegt nach der bisher geltenden Auffassung kein bestimmter einheitlicher Krankheitsprozess sui generis zu Grunde, sondern dieser Name bezeichnete eigentlich nur eine gewisse, sich schon im äussern Habitus kundgebende, meist angeerbte krankhafte Disposition oder Schwäche, vermöge deren Reize und Schädlichkeiten leicht zu irritativen Prozessen und krankhaften Ablagerungen in Lymphdrüsen, Schleimhäuten, Gelenken, Knochenhaut etc. führen. Auch nachdem sich nun herausgestellt hat, dass, wo es zu solchen Ablagerungen gekommen ist, diese fast immer tuberculöser Natur sind, ist man keineswegs berechtigt, die Scrophulose einfach als eine Erscheinungsform der Tuberculose anzusehen, sondern wird vielmehr an der obigen Auffassung im Ganzen festhalten können. Denn es giebt ohne Frage eine grosse Anzahl von Fällen, welche den scrophulosen Habitus und jene krankhafte Disposition unzweifelhaft zeigen, bei denen es eben noch nicht zu tuberculosen Ablagerungen gekommen ist und auch zum Theil niemals kommt, und man wird daher immer nur sagen können, dass sog. scrophulose Individuen der Invasion der Tuberkelbazillen geringern Widerstand leisten als andere.

4

Je nachdem nun diese scrophulose Disposition Individuen mit abnorm reizbaren, oder aber solche mit schlaffer, torpider Gesammt-Disposition betrifft, hat man von jeher zwischen erethischen und torpiden Scropheln unterschieden, und es ist zweckmässig, an diesem Unterschied für den Zweck der Behandlung festzuhalten.

Die Fälle von torpiden Scropheln mit abnorm trägen Stoffwechsel sind es nun, gegen welche sich unsere Quellen immer besonders wirksam erwiesen haben, und in welchen wir unseren ganzen Heilapparat und die in Kreuznach vorzugsweise ausgebildete Methode in energischster und erfolgreichster Weise zu Felde führen können. Es gilt hier vor allen Dingen, den trägen Stoffwechsel anzuregen, die regressive Metamorphose zu beschleunigen, die gesunkene Energie der Lebensfunctionen, den Tonus der Gewebe zu heben, endlich: die Resorption der in dieser Form meist massenhaft vorhandenen Hyperplasien und Exsudate einzuleiten.

Wir verordnen desshalb in diesen Fällen meist eine energische Trink- und Badekur, verstärken die Bäder allmählich mit Zusätzen von Mutterlauge bis zu 10 Liter und darüber und wählen die Temperatur so, dass das Bad bereits dadurch eine gelind anregende Wirkung ausübt. Bei dem innern Gebrauch der Soole hat man hier besonders darauf zu achten, dass man dem Magen und Darmkanal nicht eine zu grosse Menge Soolwasser zuführe und nicht die ohnehin schon meist darniederliegende Verdauung dadurch noch mehr be-

einträchtige, sondern eben genug, um die Secretion
der Magenschleimhaut anzuregen und um, ins Blut
übergeführt, dort seine auflösenden und resorbirenden
Eigenschaften auszuüben. Est ist deshalb durchaus geboten, mit kleinen Quantitäten Soole beginnen zu
lassen und nur allmählich damit zu steigen, bis man
die für den individuellen Fall passende Quantität erreicht zu haben glaubt. Starke Durchfälle mahnen aus
naheliegenden Gründen zur Verminderung der Quantität, ein etwas beschleunigter Stuhlgang ist dagegen
durchaus erwünscht und im Falle einer Stockung durch
milde Mittel herbeizuführen. Zuweilen empfiehlt es
sich bei dieser Form, die Soole mit Kohlensäure im-
prägniren zu lassen oder selbst anstatt des hiesigen ein
stärkeran flösendes und kohlensäurereicheres Wasser, wie
das von Homburg oder Kissingen zu verordnen.

Sehr wesentlich trägt gerade hier zur Unterstützung
der eigentlichen Kur eine zweckmässige Diät im engern
und weiteren Sinne des Wortes bei. Die Nahrung darf
nicht zu reichlich bemessen und muss mehr stickstoff-
haltig als reich an Kohlenhydraten sein; auch dürfen
Wein, Kaffee, Thee, überhaupt Reizmittel und Gewürze
nicht zu ängstlich, wie es wohl bei den allgemeinen
Verordnungen bei der Scrophulose ohne viel Berücksichtigung des besonderen Falls zu geschehen pflegt,
ausgeschlossen werden. Die Fett-, Stärke- und zucker-
haltigen Nahrungsmittel sind auf das nothwendigste
Maass zu beschränken, und hier ist auch die Acht-
erklärung der vielgeschmähten, im Allgemeinen aber
und in richtigem Maasse und passender Form (Purée)

genossen, wohl als leichtverdauliches und harmloses
Nahrungsmittel zu betrachtenden Kartoffel am Platz,
besonders wo die beliebte Neigung scrophuloser Kinder,
sich vorzugsweise damit zu sättigen, besteht. Demnächst
ist vor allem auf genügende Bewegung in freier Luft
zu halten, jedoch nicht bis zu, bei solchen Kranken
leicht eintretender, Uebermüdung; man suche vielmehr
die Patienten allmählich an stärkere Bewegung zu ge-
wöhnen. Langes Ruhen und Schlafen nach dem Bade
ist zu untersagen, frühes Aufstehen und Schlafengehen
dagegen dringend zu empfehlen. Gymnastische Ueb.
ungen, so zweckmässig sie im Allgemeinen bei torpider
Scrophulose sind, wird man, zur Vermeidung von Ueber-
mü̈dung, zweckmässiger doch meist in die Nachkur ver-
weisen. Als Nachkur sind besonders die kräftigen und
erregenden Nordseebäder zu empfehlen, und zwar entweder nur der Aufenthalt an der See, oder, in vielen
Fällen, und nach einer Pause von einigen Wochen, die
kalten Seebäder selbst; endlich für den nächsten Winter
täglich kalte Abreibungen des ganzen Körpers mit
Brunnen- oder auch Soolwasser und kleine Dosen Eisen
bei fortgesetzter zweckentsprechender Diät, und in
schweren Fällen vor allen Dingen für den folgenden
Winter der Aufenthalt in einem südlichen klimatischen
Kurort mit mehr anregendem Klima, wie z. B. Nizza
und die ganze Riviera. Leider ist bei Kindern in den
Schuljahren, um die es sich hier ja meistens handelt,
die Durchführung einer solchen, sich auf einen Gesammt-
zeitraum von etwa $^3/_4$ Jahr erstreckenden Kur, aus ge-
wichtigen Gründen auch bei Wohlhabenden äusserst

schwierig und oft genug unmöglich; aber es kann gar
kein Zweifel darüber bestehen, dass die Erfolge Kreuznachs bei dieser Methode noch unendlich glänzender
sein würden. — Der viel gebrauchte und gemissbrauchte
Leberthran passt für diese Form der Scrophulose nicht.
— Von grösster Wichtigkeit gerade bei dieser sehr
hartnäckigen Form ist es, dass die Kur hinreichend
lange fortgesetzt wird, und zwar, wo nicht bestimmte
Erscheinungen es verbieten, mindestens 6—7 Wochen,
mit den zur Vermeidung von Uebermüdung nothwendigen
Ruhepausen. Nur eine eben so energische als an-
dauernde Einwirkung unserer Heilmittel und Heil-
methoden vermag hier das meist tiefeingewurzelte, wenn
nicht angeborene, Leiden wirksam bekämpfen und die
perverse Richtung der Assimilation zu verändern; dagegen verspricht aber auch der consequente Gebrauch
unserer Kurmittel Erfolge, wie sie bei anderen Leiden
selten erzielt werden, und es ist gerade dies Gebiet,
auf welchem Kreuznach seine glänzendsten und ver-
dientesten Lorbeeren errungen hat.

Sehr verschieden hiervon gestalten sich meist die
Indicationen bei der sogenannten erethischen Form der
Scrophulose. Hier handelt es sich um schlechtgenährte
kindliche Individuen von magerem, gracilem Körperbau,
zarter Haut mit durchschimmernden Venen, von leb-
haftem Temperament und mit Neigung zu fieberhaften
Zuständen, entzündlichen Katarrhen der Schleimhäute
und zur Eiterung neigenden subcutanen Entzündungen
der Synovien, des Periosts etc. Es ist dies die Form,
welche hauptsächlich die Gefahr des Uebergangs in

schnell verlaufende Phthise in sich birgt. So lange es
sich in solchen Fällen nur noch mehr um Allgemein-
erscheinungen und den allgemeinen Habitus handelt,
und es noch zu keinen Ablagerungen scrophulöser Ent-
zündungsproducte gekommen ist, thut man wohl besser,
von dem Gebrauch Kreuznachs und der Soolbäder überhaupt noch abzustehen und lieber zunächst erst den
Versuch zu machen, durch zweckmässige diätetische
und klimatische Einwirkungen das gestörte Gleichge-
wicht im Einnahme- und Ausgabe-Etat des Körpers
allmählich wieder herzustellen; durch Mittel also, welche
die Zufuhr und Assimilation zu steigern, den Umsatz
der stickstoffhaltigen Gewebe aber in Schranken zu
halten geeignet 'sind. Dahin gehören: Zweckmässige
Diät (Milch, Fett- und mehlhaltige Nahrungsmittel), im
Winter Leberthran in möglichst grossen Dosen, Aufenthalt auf dem Lande, im Gebirge oder an milden
Küstenplätzen (Ostseebäder), vor allen Dingen aber im
Winter in südlichen, klimatischen Kurorten mit nicht
zu anregendem Klima (Pau, Meran, Gardone, Riviera.)

Sind aber bereits Ablagerungen scrophulöser Krank-
heitsproducte erfolgt, so sind auch hier in vielen Fällen
die Soolbäder indicirt; nur muss man dann freilich die
Anwendungsmethode derselben der Natur solcher Fälle
gemäss sehr wesentlich modificiren. Wir verordnen
deshalb dabei gewöhnlich schwächere und wärmere
(27—29° R.) Bäder von kurzer Dauer und lassen die
Trinkkur entweder ganz fort oder verordnen ganz kleine
Dosen Soole mit Milch oder Molken; ferner eine zweck-
entsprechende, wenig stickstoffhaltige Diät (besonders

reichlichen Milchgenuss), viel Aufenthalt bei mässiger Bewegung im Freien und — soweit sich dieser verordnen lässt — viel Schlaf. Als Nachkur sodann: Aufenthalt an einem milden Seebade ohne Bäder (Ostseebäder bis September, später die englischen und französischen Badeplätze am Kanal) und, wie schon erwähnt, Winteraufenthalt an einem passenden klimatischen Kurort.

Von den manigfachen Lokalisationen der Scrophulose können wir hier nur die häufigsten und characteristischsten berühren, um die Modification in der Behandlung, welche ihr Auftreten zuweilen nöthig macht, dabei zu besprechen.

Lymphdrüsen. Es sind besonders die Lymphdrüsen der Hals und Nackengegend, bei welchen man die ausgedehntesten und massenhaftesten Schwellungen und Exsudationen beobachtet, sei es im Stadium der einfachen, indolenten Schwellung, in welchen sie besonders bei der torpiden Form häufig beharren, sei es im Zustand der käsigen Metamorphose, oder endlich bereits im Zustand des Autbruchs und der Vereiterung als sogenannte scrophulose Abscesse und Geschwüre. Ob es sich dabei schon immer um Invasion von Tubercelbacillen handelt, ist noch fraglich. Jedenfalls geht ihre Heilung auch bei Anwendung unsrer Kurmittel sehr langsam und nur indirekt Hand in Hand mit der Besserung der allgemeinen scrophulosen Disposition von statten und man darf eben nie vergessen, dass das Bad kein Specificum gegen „Drüsen", am allerwenigsten gegen tuberculos inficirte ist, sondern nur ein umstimmendes die Constitution und Widerstandskraft verbesserndes Heilmittel ist. Man darf desshalb niemals darauf rechnen, solche Drüsentumoren oder Abscesse während einer auch noch so lange fortgesetzten Kur schon verschwinden oder heilen zu sehen; das ist in der That nur selten der Fall. Aber ebensowenig darf man das vorläufige Ausbleiben dieser so sehnlich erhofften Wirkung schon als Misserfolg betrachten.

Was die specielle Behandlung dieser Drüsenaffectionen in unserm Bade betrifft, so ist es neben der Anwendung der dem besondern Fall anzupassenden Bade- und Trinkkur für die Zertheilung und Resorption meist förderlich, da, wo nicht frische, entzündliche Prozesse in der darüberliegenden Haut davon abrathen, Umschläge von reiner oder auch durch Mutterlauge mässig verstärkter Soole auf die Drüsenpakete zu machen, und man muss sich hierbei nicht irre machen lassen durch temporäre Verschlimmerungen unter dem Einflusse solcher Umschläge, die man vielmehr als ein Zeichen der beginnenden Reaktion und Einleitung der Resorption willkommen zu heissen hat.

Wo es bereits zum Durchbruch und zur Geschwürsbildung gekommen ist, bedeckt man die betreffenden Stellen am besten bloss mit feuchten Compressen und nur bei schlaffen Rändern und unreinem Grunde greift man zu reizenden Soolwasserumschlägen und Aetzungen. Bei Geschwüren mit stark unterminirten Rändern, die sich besonders renitent gegen die Heilung zu zeigen pflegen, kann man dieselbe zuweilen sehr beschleunigen durch theilweise Abtragung der Geschwürsränder und

Anlegung eines Compressiv-Verbandes von Heftpflaster-
streifen. — Vollständig verkalkte Drüsen sind natürlich
der Zertheilung nicht mehr fähig und sind, wo es ihr
Sitz erlaubt, auf operativem Wege zu entfernen.
Schleimhäute. Die Affectionen der Schleimhäute
behaupten in der Lehre von der Scrophulose und ihrer
Behandlung eine ganz hervorragende Wichtigkeit, denn
gerade die Schleimhäute sind es vorzugsweise, welche
die scrophulose Diathese — wenn es gestattet ist, uns
der Kürze wegen so auszudrücken — zum ersten An-
griffspunkt zu nehmen pflegt, oder, um genauer zu
reden, in welchen sich zuerst die für die scrophulose Anlage charakteristische Schwäche der Theile manifestirt,
und von welchen aus meistens erst secundär die verschiedenen Lymphdrüsensysteme in Mitleidenschaft gezogen werden. Um so mehr muss daher auch eine ver-
nünftige Therapie ihr Augenmerk darauf richten, hier
bei ihrem ersten Auftreten der Krankheit sogleich
energisch entgegen zu treten und damit die Quelle
weiterer secundärer Wirkungen zu verstopfen. Bei der
Behandlung derselben durch unsere Kurmittel würden
es natürlich zunächst wieder die vorhin aufgestellten
Principien sein müssen, nach denen sich die Anwendungsmethode derselben zu richten hat; besonders sind
es aber auch die Localapplicationen der Soole, welche
hier in den meisten Fällen in Betracht kommen. Denn
so lange noch keine ausgedehnten Lymphdrüsenerkrank-
ungen vorhanden sind, kann man eigentlich nur von
einer gewissen Prädisposition zur Scrophulose sprechen,
noch nicht von einer scrophulosen Dyskrasie, die nur

durch allgemeine Behandlung zu tilgen wäre. Erst die
Gelegenheitsursachen, wie die localen Affectionen der
Schleimhäute, rufen die Krankheit schliesslich hervor,
und diese sollte man daher vor allen Dingen an Ort
und Stelle, also wo es immer angeht, durch locale
Mittel zu bekämpfen und zu tilgen suchen.

Es sind bekanntlich vorzugsweise die Schleimhäute
der Nasen- und Rachenhöhle mit ihren Appendices
(Tuba Eustachii, Pauckenhöhle, der Augen, sowie die
Darm- und Bronchialschleimhaut, welche vielfach die
Sitze sehr hartnäckiger und leicht wiederkehrender
katarrhalischer Affectionen sind, die wenigstens in
den meisten Fällen auf eine scrofulose Prädisposition
zurückzuführen sind, und die im letzten Falle sich dadurch auszeichnen, dass sie, wo immer die afficirten
Schleimhäute Lymphfollikel enthalten, diese sehr schnell
in Mitleidenschaft ziehen und Schwellungen derselben
herbeiführen. So tritt diese Affection am Pharynx
unter dem Bilde der sogenannten Pharyngitis granulosa auf, wobei man die geschwellten und gerötheten
Follikel deutlich über das Niveau der Rachenschleimhaut hervorragen sieht; oder es sind die Tonsillen,
welche bei der sogenannten angina scrofulosa geschwellt
erscheinen. Bei den scrofulosen Processen der Bindehaut sind es wieder die Meibom'schen Drüsen und die
Drüsen an der Haarzwiebel der Wimpern, bei den
Darmkatarrhen die Follikel der Schleimhaut des Dünn-
und Dickdarms (Enteritis follicularis), bei den Bron-
chialkatarrhen endlich die Bronchialdrüsen, welche sehr
bald in Mitleidenschaft gezogen werden und dadurch

erst diesen Fällen das Gepräge des scrophulosen Allgemeinleidens geben. In den meisten dieser Fälle suchen wir deshalb
neben einer zweckmässigen Allgemeinbehandlung, wenn
nicht erhebliche Reizzustände es verbieten, durch örtliche Application der Soole auf die erkrankte Schleimhaut das Uebel in der directesten Weise zu bekämpfen
und zwar häufig mit dem allerbesten Erfolg.

Bei der Ozaena scrophulosa, wo ausser der
Absonderung eines übelriechenden Secretes häufig auch
noch ulceröse Processe an der Schleimhaut der Mu-
scheln bestehen, die man bei günstigem Sitz und guter
Beleuchtung direct in's Gesichtsfeld bringen kann, ist
das tägliche mehrmalige Aufziehen des Soolwassers
vermittelst der hohlen Hand oder bequemer die Anwendung der Weber'schen Douche von grossem Nutzen.
Es wird dadurch die Schleimhaut von dem Secrete gereinigt und dadurch schon allein das lästige Symptom
des üblen Geruchs wirksam, wenn auch nur vorübergehend, beseitigt; ausserdem aber wird der meist
schlaffe und von schlechtem Secret bedeckte Geschwürs-
grund gereinigt und gelinde gereizt, wodurch die
Tendenz zur Heilung befördert wird. Man kann dem
Soolwasser zuweilen kleine Quantitäten Mutterlauge
mit Vortheil zusetzen, grössere dagegen erregen meist
eine zu heftige Reaction. Das Uebel tritt häufiger
bei Mädchen als bei Knaben auf, besonders häufig in
der Pubertäts-Entwicklung; es wird zuweilen durch eine
Kur auf lange Zeit beseitigt, meist aber sind wiederholte Kuren nothwendig, und selbst diese lassen uns

zuweilen, wenn auch nur in seltenen Fällen, im Stich.
Wo zugängliche Ulcerationen der Nasenschleimhaut bestehen, und die Beschaffenheit des Geschwürsgrundes
es indicirt, mag man mit der örtlichen Anwendung der
Soole auch Aetzungen verbinden. Genügt die Nasen-
douche nicht zur Beseitigung des üblen Geruches, so
setzt man dem Soolwasser zweckmässig eine Lösung
von übermangansaurem Kali zu, einem Mittel von wenigstens momentan souveräner Wirkung.

Pharyngitis granulosa. Angina tonsillaris. Mit
dem scrophulosen Katarrh der Nasenschleimhaut sind die
schon erwähnten Affectionen der Rachenschleimhaut
und ihres folliculären Drüsenapparates, die Pharyngitis granulosa und angina tonsillaris verbunden. Es haben dieselben um so grössere Wichtigkeit als die katarrhalische Schwellung sich häufig auf
die Schleimhaut der Tuben und von hier weiter bis
in die Paukenhöhle erstreckt und theils mechanisch
durch Verschluss der Tubenmündung, theils durch Mitleidenschaft der Schleimhaut der Paukenhöhle leicht
Schwerhörigkeit herbeiführt. Es sind dies Fälle, in
denen die richtige, und besonders auch örtliche Anwendung der Soole sehr glänzende Resultate erzielen
kann, indem mit Beseitigung des Rachenkatarrhs auch
die zuweilen schon jahrelang bestehende Schwerhörigkeit dauernd verschwindet. Die örtliche Application
der Soole, die in diesen Fällen wohl immer indicirt ist,
geschieht entweder durch Gurgeln oder vermittelst der
Schlund-Douche. Bei der Verordnung des Gurgelns
ist es wichtig, die Patienten zu belehren, dass sie diese

Procedur in zweckmässiger Weise, nämlich in der Rückenlage und unter Schlingbewegungen, wie es von Troeltsch angegeben ist, ausführen. Gewöhnlich ist es nöthig, mit der allgemeinen und örtlichen Anwendung der Soole noch Aetzungen mit argent. nitr. in Substanz oder in starken Lösungen zu verbinden, und diese sowie das Gurgeln noch nach Beendigung der Kur längere Zeit fortsetzen zu lassen. Der Erfolg ist ein um so sicherer und entschiedenerer, je mehr sich das Leiden noch auf die Pharynx- und Tubenschleimhaut beschränkt; hat sich dagegen der Prozess schon seit längerer Zeit auf die Paukenhöhle fortgepflanzt, so wird auch eine Soolbäderkur wie jede andere Behandlungsweise schon viel erreicht haben, wenn sie denselben zum Stillstand zu bringen vermochte.

Bei den scrophulösen Entzündungen des äusseren Gehörganges, wie sie besonders häufig bei kleineren Kindern auftreten und oft in harmloser Form als einfache Otorrhoe verlaufen, zuweilen aber auch Zerstörungen des Trommelfells herbeiführen und, wenn sie sich auf das innere Ohr ausbreiten, zu sehr bedenklichen Zuständen (Caries des Felsenbeins und deren perniciösen Folgen) Veranlassung geben können, muss man von einer irgendwie energischen örtlichen Application der Soole, besonders den hier und da üblichen kräftigen Ausspritzungen des Ohres mit Soolwasser Abstand nehmen und sich in Bezug auf die örtliche Behandlung auf eine sorgfältige, täglich mehrmals wiederholte, Reinigen des Gehörgangs durch gelindes Einträufeln lauwarmer Soole oder reinen Wassers

begnügen. Auch bei der Anwendung adstringirender
Flüssigkeiten, wie sie ja dabei häufig angezeigt ist,
thut man besser, das Medicament mit einem Theelöffel
bei geneigtem Kopfe in den Gehörgang zu giessen, als
mit einer oft hartgehenden Spritze einzuspritzen.
Bei den Krankheiten der Bindehaut und den
der drüsigen Organe der Augenlider, so weit sie, als
auf scrophuloser Basis beruhend, in die Heilsphäre unserer
Quelle gehören, sind die Erfolge richtig geleiteter Kuren
oft ausserordentlich; nur muss man meist darauf verzichten, dieselben schon während der Kur selbst hervor-
treten zu sehen. Gewöhnlich belehrt die mit geringer
Befriedigung aus dem Bade zurückgekehrten Patienten
erst der folgende Winter über den günstigen Erfolg,
und fast immer sind mehrere Kuren nach einander erforderlich, um das Uebel und die krankhafte Disposition
völlig zu heben. Was die örtliche Anwendung unserer
Kurmittel betrifft, so muss man dieselben mit grosser
Vorsicht anwenden. Es kommen hier, wie bekannt,
Zustände so excessiver Reizbarkeit vor, dass sich die
Anwendung örtlicher Mittel jedesmal auf das empfind-
lichste straft, ohne dass man es meistens dem Fall von
vornherein ansehen könnte. Besonders bei Mitleidenschaft der Sklera und Cornea (Conjunctivitis phlyctaeno-
ides, Herpes corneae, Keratitis scrophulosa), wobei meist
grosse Lichtscheu besteht, muss man oft von allen örtlichen Mitteln abstrahiren. Schwache und nicht zu
kühle Soolbäder, innerlich kleine Dosen Soole, reizlose
aber kräftige Diät, viel Aufenthalt im Freien mit Ab-
haltung jedes grellen Lichtes führen hier noch am

ehesten, aber auch selten schnell zum Ziel. Nachschübe und Recidive, denen diese Formen (besonders der Herpes corneae) sowie wenig andere Krankheiten unterworfen sind, kommen natürlich auch während der Kur vor, aber entschieden seltener als sonst, wobei man dann der Anwendung örtlicher Medikamente, die man im Uebrigen möglichst zu vermeiden hat, nicht immer entrathen kann.

Die scrophulosen Leiden der Augenlider (Blepharadenitis ciliaris) pflegen eher eine örtliche Application des Soolwassers zu ertragen und zu fordern. Man wendet sie an, indem man die Patienten anweist, im Bade die leicht geschlossenen Augenlider häufig zu netzen und, wenn dies gut vertragen wird, selbst mit offenen Augen in dem mit Mutterlauge verstärkten Badewasser unterzutauchen.

Darmkatarrh. Sind die eben besprochenen Affectionen der Schleimhäute der Sinnesorgane mehr von localer Bedeutung, so wird in den Fällen, wo die scrophulose Anlage sich in einer Schwäche der Schleimhäute des Verdauungskanals äussert, ihre unmittelbar verderbliche Wirkung auf die Ernährung und somit ihre noch weit grössere Wichtigkeit ohne Weiteres klar sein. Die sogenannten Unterleibsscropheln oder Unterleibsdrüsen, obgleich diese Namen auch in manchen unschuldigen und fernerliegenden Fällen herhalten müssen, stehen mit Recht bei Aerzten und Laien in bösem Ruf. Der aufgetriebene Leib, die belegte Zunge, der Appetitmangel, oder auch in manchen Fällen der Heisshunger, hartnäckige Diarrhöen oder in selteneren Fällen hartnäckige Verstopfung sind die wohlbekannten Symptome dieser, in ihren vorgeschrittenen Stadien tabes meseraica genannten, Form der Scrophulose. Eine Schwellung der Mesenterialdrüsen findet, wie Obductionen solcher Kinder, und auch in vielen Fällen schon die Palpation während des Lebens lehren, dabei fast immer statt und leider nur zu häufig handelt es sich dabei schon um Invasion von Tuberkelbazillen.

Hier ist ein Erfolg von Kreuznach nur in den frühen Anfangsstadien des Leidens zu erwarten und dann auch nur von sehr vorsichtig geleiteten, lange fortgesetzten und vor allen Dingen jahrelang wiederholten Kuren. Wir verordnen in solchen Fällen, wo es einer kräftigen Anregung und Ableitung bei gleichzeitiger Schonung der sehr geschwächten Kräfte bedarf, kühle und nicht zu schwache, aber ganz kurze Bäder (5—10 Minuten) mit nachfolgender kräftiger Abreibung behufs energischer Beförderung der Hautfluxion; dabei eine nicht zu reichliche, aber kräftige und anregende Diät (Fleisch, Fleischbrühe, Ungarwein) und fleissigen Aufenthalt bei mässiger Bewegung im Freien. Auf den Genuss von Milch und Molken bestehe man nicht, wenn sich Widerwille dagegen kundgiebt, auch wird Milch in diesen Fällen notorisch häufig schlecht vertragen, besonders im Sommer. Sehr oft, besonders wenn folliculäre Verschwärungen im untern Theil des Dickdarms vermuthet oder nachgewiesen werden können, thun ganz kleine Klystiere (25—30 Gramm) von Soolwasser vortreffliche Dienste. Sieht man, dass die

Kur überhaupt vertragen wird, was daraus erhellt, dass nach den Bädern noch eine hinreichende Reaction eintritt, dass das Nahrungsbedürfniss sich hebt oder wenigstens nicht sinkt, der Stuhlgang sich bessert, so kann man langsam und vorsichtig die Bäder noch verstärken und auch die Dauer des einzelnen Bades etwas verlängern.

Dagegen leistet in schon weit vorgeschrittenen und tief eingewurzelten Fällen, wo Appetit und Assimilation gänzlich darniederliegen, hartnäckige, erschöpfende Diarrhöen mit schleimigen Entleerungen bestehen, Kreuznach gewöhnlich nichts mehr, und man sollte in derartigen Fällen mit vergeblichen Versuchen mit Soolbädern keine Zeit verlieren, sondern solche Patienten, wenn irgend möglich, lieber im Sommer in's Hochgebirge, im Winter dagegen nach dem Süden an einen klimatischen Kurort mit mehr anregendem Klima (Riviera, Aegypten) bringen. Auch dürften sich vielleicht gerade derartige, verzweifelte Fälle besser für Winterkuren an Höhenkurorten (Davos) als die gewöhnlich dorthin geschickten Fälle von weit vorgeschrittener Lungenphthise eignen.

Bei der früher erörterten Wirkung der Soole auf die Magen- und Darmschleimhaut und auf die Verdauung versteht es sich von selbst, dass auch bei nicht scrophulosen chronischen Magen- und Darmkatarrhen, sowie bei der einfachen idiopathischen Dyspepsie unsere verhältnissmässig schwachen und leicht verdaulichen Quellen von grossem Nutzen sein können durch den leichten Reiz, den sie auf die Verdauungsschleimhaut

5

ausüben. Allerdings müssen wir uns nicht verhehlen,
dass für diese Fälle unsere Soolquellen in den kohlen-
säurereichen Kochsalzquellen von Homburg, Kissingen etc.
Rivalen haben, die in der Mehrzahl der Fälle den Sieg
davon tragen dürften.

Bronchialkatarrh. Unter den katarrhalischen
Affectionen der Bronchialschleimhaut ist es vor allen
Dingen die so häufig bei Kindern auftretende chronische
scrophulose Bronchitis, die in die Heilsphäre unserer
Soolquellen gehört. Hier bestehen fast immer gleichzeitig Schwellungen und weitere scrophulose Metamor-
phosen der Bronchialdrüsen, die dann wieder ihrerseits
einen Reiz auf die Bronchialschleimhaut ausüben und
zur Entstehung eines trockenen, krampfhaften, sehr
quälenden und hartnäckigen Hustens und sehr häufig
selbst asthmatischer Anfälle beitragen. Oft mag in
diesen Fällen der primäre Bronchialkatarrh bereits ab-
gelaufen, und die secundäre Schwellung und Verkäsung
der Bronchialdrüsen als scheinbar selbstständige Affection
zurückgeblieben sein. Hier ist vor allen Dingen die
scrophulose Anlage und die Drüsenaffection durch die
energische Anwendung nicht zu kühler und schwacher
Bäder, die zugleich eine Ableitung auf die äussere
Haut ausüben sollen, und durch den innern Gebrauch
des Brunnens, oder wo übermässige Reizbarkeit besteht,
warmer Molken zu bekämpfen; nur fordert hier freilich
der gefährliche Sitz des Uebels eine sehr sorgfältige
Berücksichtigung des Zustandes der Lungenparenchyms.
Wo sich bereits Infiltrationen nachweisen lassen, oder
wo sich auch nur eine geringe aber constante Fieber-

bewegung bemerkbar macht, also wo die Entwicklung
von Lungenphtise zu befürchten steht, ist der Gebrauch
unserer Quellen, besonders aber der Bäder entschieden
contraindicirt. Mehr als bei irgend einem andern Leiden kommen
natürlich bei der Erkrankung der Bronchial-Schleim-
haut die klimatischen und atmosphärischen Verhältnisse in Betracht, und wir müssen deshalb die gleichmässige Sommertemperatur Kreuznachs mit den geringen Tagesschwankungen als sehr wirksames Unterstützungsmittel der Kur bei scrophuloser Bronchitis her-
vorheben. Wir verordnen solchen Patienten auch gerne
einen täglichen, mehrstündigen Aufenthalt an vor Zug
geschützten Theilen der Gradirwerke, sowie auch die
Inhalation der zerstäubten Soole, ohne dass wir einen
zu starken Reiz der Salztheilchen auf die Bronchial-
Schleimhaut zu befürchten brauchen. Als Nachkur
sind hier dringend zu empfehlen: tägliche kalte Abreibungen mit Soolwasser oder auch Brunnenwasser,
die man wo möglich den ganzen Winter fortsetzen
muss. Vor Allem aber hat man, wo die Verhältnisse
es irgend gestatten, auf einen nachfolgenden und, so
wie die Badekur selbst, mehrere Jahre hindurch zu
wiederholenden Winteraufenthalt in einem milden Klima
zu dringen, wobei zu bemerken ist, dass hierfür meistens
schon die Zwischenstationen, wie Meran, Montreux und
ähnliche, genügen. Es wird durch solche Nachkuren
in sehr wirksamer Weise den bei bestehender scrophuloser
Schwäche der Athmungswege besonders zu fürchtenden
wiederholten Erkältungen vorgebeugt. Auch wo keine

5*

scrophulose Basis für bestehende chronische Bronchial-
katarrhe angenommen werden kann, besonders bei tor-
pidem Zustand der Schleimhaut mit reichlichem, zähem
Secret, werden unsere Soolwässer, verbunden mit der
Wirkung des gleichmässigen und anregenden Klima's
und der Gradirluft, in vielen Fällen vortreffliche Dienste
leisten. Der genauen Beurtheilung jedes einzelnen
Falles muss es natürlich überlassen bleiben, ob die
Soolwässer oder die alkalisch-muriatischen Quellen oder
die einfachen Natron-Wässer den Vorzug bei dem innern
Gebrauch verdienen.

Gelenke und Knochen. Bei den hartnäckigsten
und gefürchtetsten Lokalisationen des scrophulosen Allgemeinleidens bei den scrophulosen, bezw. tuberkulosen,
meist zur Vereiterung des ligamentösen Apparats und
zur kariösen Zerstörung der Epiphysen führenden
chronischen Gelenkentzündungen, sowie bei den auf
gleicher Ursache beruhenden periostitischen Processen
in den Knochen wird nach dem jetzigen Standpunkte
der Wissenschaft wohl in allen Fällen zunächst die
operative oder orthopädische Behandlung platzzugreifen
haben. Indessen kommen auch unsre Bäder hierbei
insofern in wesentlichen Betracht, als sie einmal ein
wichtiges und schwer zu entbehrendes Heilagens für
die Nachbehandlung sind, sodann aber auch insofern
als sie in Fällen von sehr schleichendem Verlauf mit
wenig oder gar keiner Neigung zur Vereiterung zuweilen einen ganz ausserordentlich günstigen Einfluss
auf das Zustandekommen spontaner Heilung auszuüben
vermögen. Unter der nicht geringen Anzahl solcher

unter dem Gebrauch der hiesigen Bäder günstig ver-
laufenen Fällen ist dem Verfasser besonders ein Fall
von Spondylarthrocace der obern Halswirbel bei einem
Knaben von 15 Jahren in lebhafter Erinnerung geblieben,
der nach zweimaligem Gebrauche Kreuznachs und ohne
Zuhülfenahme andrer Mittel, abgesehen von einem
Immobilisirungs-Apparat, mit sehr guter Beweglichkeit
zur vollständigen und dauernden Heilung gelangte.
Ueber die specielle Behandlung dieser Krankheitszustände mit unsern Kurmitteln lässt sich im Allgemeinen nur wenig sagen. Sie muss natürlich stets dem
sehr verschiedenen allgemeinen Gesundheits- und
Kräftezustand dieser Patienten sorgfältig angepasst sein.
Möglichst kräftige Bäder und eine möglichst lange
Dauer der Kur mit vielen Ruhepausen sind in der
Regel erforderlich zu einem günstigen Erfolg. Von der
örtlichen Anwendung der Soole und Mutterlauge machen
wir hier natürlich in Form von mehr oder weniger
concentrirten Umschlägen, von Douchen auf das erkrankte Gelenk, Injectionen in die Fistelgänge u. s. w.,
einen ausgedehnten aber vorsichtigen Gebrauch. Auch
haben dem Verfasser in geeigneten Fällen locale
Schlammbäder von Salinenschlamm aus den Gradirhaus-
kästen, der ausser den erdigen Bestandtheilen und dem
Eisen der Soole hauptsächlich Kochsalz und die andern
Chlormetalle enthält, gute Dienste geleistet, und dieselben verdienten wohl häufiger als es geschieht, angewandt zu werden. — Auch der innere Gebrauch der
Soole ist hier, wenn nicht gastrische Zustände ein Veto
einlegen, wegen ihres auf die Knochenneubildung
günstig einwirkenden Chlorcalciumgehalts zu empfehlen.

2. Rachitis.

Die günstige Wirkung unserer mächtig alterirenden Kurmittel und Kurmethode bei einem Leiden, welches so recht eigentlich auf einer verkehrten Richtung der assimilirenden Thätigkeit (übermässiger Wucherung der Knorpelelemente in den Epiphysen, mangelhafter Ablagerung der Kalksalze) beruht, ist wohl selbstverständlich und wird auch von allen Praktikern bestätigt. Ob es hier nur die anregende Wirkung auf den Stoffumsatz und die Ernährung ist, welche die günstigen Resultate zu Stande bringt, oder ob auch dem innern Gebrauch des Chlorcalcium ein directer Einfluss auf die bessere Knochenbildung zugeschrieben werden muss, kann zur Zeit noch nicht entschieden werden. Wahrscheinlich ist die letzte Annahme aber wohl; scheint es ja doch nach neueren Untersuchungen (Schetelig), als ob auch die Kalksalze unserer Nahrungsmittel zu ihrer Resorption erst der Umwandlung in Chloride durch die Salzsäure des Magensaftes bedürfen. Was die Wirkung unserer Bäder bei der Rachitis betrifft, so mag die nach Soolbädern beobachtete Zurückhaltung der Phosphate ebenfalls einen Wink abgeben für ihren günstigen Erfolg bei einer Krankheit, deren Wesen wenigstens theilweise auf einer mangelhaften Ablagerung des phosphorsauren Kalks in den Knochen beruht. Zu leugnen ist übrigens nicht, dass in sehr vielen Fällen schon zweckmässig veränderte Ernährung, gute Luft, Darreichung von Eisen, Wein und Kalkpräparaten allein zur Heilung hinreichen; man kommt aber nicht immer damit zum Ziel und wird in den meisten Fällen nur ungern auf die Zuhülfenahme eines so mächtigen und bewährten Mittels, wie die Soolbäder und besonders Kreuznach es sind, verzichten.

Wir verordnen hier, wo wir es ausschliesslich mit jüngern, schwächlichen Kindern zu thun haben, für den Anfang nur schwache, allmählich aber nach Maassgabe der Kräfte und bei genügender Reaction bis zu 2 oder selbst $3^0/_0$ zu verstärkende, kurze und kühle Mutterlaugenbäder und innerlich ganz kleine aber mehrmals des Tages wiederholte Dosen (50—100 Gr.) Soole. Als Nachkur ist hier besonders der Aufenthalt an der Nordsee mit warmen und unter günstigen Umständen selbst kalten, ganz kurzen Seebädern zu empfehlen.

3. Syphilis.

Einen directen Einfluss auf die Heilung noch bestehender Syphilis können wir unsern Quellen so wenig wie irgend einem anderen Bade zuerkennen. Dass bei geschwächten und erschöpften Individuen, bei merkurieller Dyskrasie etc. eine vorsichtig geleitete Bade- und Brunnenkur, verbunden mit den Einflüssen der Luftveränderung und einer roborirenden Diät, oft vortreffliche Dienste leisten und die Bedingungen für die spätere Tilgung der Syphilis durch specifische Mittel wesentlich verbessern können, ist unzweifelhaft; auch wird man anerkennen müssen, dass die Wirkung einer Inunctionskur durch eine gleichzeitige Badekur sehr gefördert werden kann, indem durch Erhöhung der Vitalität der Haut und durch Vermehrung der Ausscheidungen sowohl die Aufnahme als auch die Wiederausscheidung des Quecksilbers erleichtert wird. Nur dürften Soolbäder, Schwefelthermen und die hydropathischen Methoden darin so ziemlich dasselbe leisten, und die ersteren höchstens wegen ihrer grösseren hautbelebenden Wirkung einen kleinen Vorrang behaupten können. Es folgt daraus immerhin und wird auch durch die Erfahrung bestätigt, dass, wenn unsere Quellen auch kein Antisyphiliticum sind, doch manche Fälle von hartnäckigen Lues, deren Heilung durch die gewöhnlichen Methoden nicht gelingen will, noch mit Vortheil

in Kreuznach oder in andern Bädern einer combinirten
Bade- und Einreibungskur unterworfen werden können.
Ferner hat mich eine vielfältige, auch von andern
Aerzten bestätigte, Erfahrung gelehrt, dass der Gebrauch
der hiesigen, und wahrscheinlich auch anderer Bäder,
latente Syphilis nach einiger Zeit, meist nach 2—3
Wochen zur Manifestation zu bringen pflegt. Eignen
sich somit die meisten Fälle von Syphilis, in denen
eine, zunächst wohl vorzuziehende, methodische Spital-
behandlung nicht möglich ist, für die Behandlung in
solchen Sool- oder Schwefelbädern, in welchen gute
Einrichtungen und geschulte Wärter vorhanden sind,
so sind es doch vorzugsweise diejenigen Fälle, in denen
die syphilitischen Symptome durch vorausgegangene
specifische Behandlung soeben anscheinend getilgt sind,
die absolute Heilung aber noch unsicher ist. Das
heisst also mit andern Worten: man thut gut, jeden
Syphilitiker, dessen Verhältnisse es erlauben, zur Nachkur, resp. zur Sicherheitsprobe in ein Soolbad oder
Schwefelbad zu schicken. Irgend einen wesentlichen
Unterschied wüsste ich hierbei zwischen Sool- und
Schwefelbädern, und speciell zwischen Aachen und
Kreuznach nicht zu statuiren. Nur in einer Kategorie
von Fällen dürfte unsern Quellen ein Vorrang zu vindiciren sein: Wenn nämlich Syphilis scrophulose Individuen befällt, tritt sie nach aller Erfahrung besonders heftig und hartnäckig auf, und eine vorausge-
schickte antiscrophulose Kur in Kreuznach wird dann
natürlich wesentlich, wenn auch nur indirect, zur
schnelleren Heilung der Syphilis beitragen.

Bei der Behandlung leitet uns hier im Allgemeinen der Grundsatz, neben dem Gebrauch der eigentlichen specifischen Mittel, wo sie noch angezeigt sind (meist Inunctionskur) die hiesigen Kurmittel möglichst energisch anzuwenden und besonders recht starke und lange Bäder zu verordnen. Haben wir es ja doch dabei meist mit jugendlichen und kräftigen Individuen zu thun, und handelt es sich doch darum, durch energische Anregung der Hautthätigkeit und des ganzen Stoffwechsels, sei es die Aufnahme und Wiederausscheidung des Quecksilbers zu beschleunigen, sei es die etwa latente Syphilis an die Oberfläche zu bringen. Wo es nöthig scheint, suchen wir auch durch Anwendung von Dampfbädern, für welche gute Einrichtungen bestehen, der beabsichtigten Wirkung zu Hülfe zu kommen.

4. Hautkrankheiten.

Die Lorbeeren, welche unsere Quellen auf diesem von so vielen Bädern in Anspruch genommenen Felde erworben haben, und die vielleicht mehr als die langsamer und weniger ins Auge fallenden Wirkungen bei andern Leiden zu dem fast fabelhaften Wachsthum von Kreuznach beigetragen haben, werden denselben nicht ohne lebhaften Widerspruch zuerkannt. Hebra, der Begründer nicht nur eines neuen, rationellen Systems der Hautkrankheiten, sondern auch einer durchaus neuen therapeutischen Methode, erwähnt fast niemals oder nur mit Geringschätzung der Soolbäder wie aller andern Bäder als Heilmittel bei chronischen Exanthemen, und ein neuerer balneologischer Schriftsteller (Braun), der noch dazu Arzt in einem Soolbade war, weist dieselben, soweit sie nicht auf scrophuloser Ursache beruhen, gänzlich aus dem Heilgebiet der Soolquellen, indem er sogar betont, bei Eczemen, also bei der bei weitem grössten Anzahl der Fälle, fast nur Verschlimmerungen nach dem Gebrauch der Soolbäder gesehen zu haben. Natürlich lässt sich eine solche Controverse nicht durch theoretische Beweisgründe und Erörterungen, sondern nur durch Casuistik entscheiden; wenn indessen von den Gegnern der Soolbädern der Grund geltend gemacht wird, dass der durch das Koch-

salz gesetzte Reiz auf die schon abnorm reizbare Haut
schädlich wirke, so ist doch dagegen zu erinnern, dass
fast alle von der neuen dermatologischen Schule gegen
die chronischen Exantheme mit so grossem Erfolg angewandten Localmittel, selbst die antiparasitären wenigstens nebenbei, entschieden ebenfalls als Hautreiz
wirken, und dass von manchen Dermatologen gerade
das Princip aufgestellt wird, durch energische Anwendung von Reizmitteln die chronischen Exantheme
gewissermassen in acute zu verwandeln und dadurch
den ganzen Verlauf der Krankheit zu beschleunigen,
indem sie annehmen, dass durch diese Mittel die in den
erkrankten Hautparthieen vorhandene Stase beseitigt,
die gesunkene Vitalität gehoben, und die Producte der
örtlichen Stockungen zur Resorption gebracht werden
sollen. Jedes Mittel, was hierzu beiträgt, ist willkommen, und dass die Soolbäder mit ihren mannigfachen und leicht zu regulirenden und zu differenziren-
den Verstärkungen ein solches Mittel bieten, wird man
ihnen schwerlich absprechen können. In der That
können wir, selbst von den Fällen von scrophulosen
Exanthemen abgesehen, in denen noch die innerliche,
alterirende Wirkung unserer Quellen hinzukommt, behaupten, dass dieselben für die locale Behandlung der
chronischen Exantheme zwei wichtige Indicationen er-
füllen: Einmal nämlich wird schon durch die Wirkung
des warmen Wassers die in vielen Fällen verdickte,
mit Schuppen, Krusten etc. bedeckte Epidermis er-
weicht und in mildester Weise losgelöst, und die
darunter befindliche erkrankte Cutis für den Angriff der

zu applicirenden Localmittel mehr zugänglich gemacht;
und zweitens sind es die durch Zusätze von Mutterlauge in beliebiger Concentration anwendbaren festen
Bestandtheile der Soole, welche direct als locale Heilmittel wirken. Dass dabei der ursprünglich geringe
aber beliebig verstärkbare Salzgehalt unseren Quellen
insofern einen gewissen Vorzug verleiht, als dadurch
in natürlicher Weise Bäder von den verschiedensten,
für alle Fälle passenden, Stärkegraden geboten, und
die dem Patienten immer etwas missliebigen Zusätze
von süssem Wasser fast ganz entbehrlich gemacht
werden, liegt auf der Hand.

Die hier gewonnenen Erfahrungen entsprechen
diesem Raisonnement durchaus: Eine nicht geringe Anzahl von Hautkranken finden hier sichere und schnelle
Heilung, wenn es auch gerade nicht die schwersten
und hartnäckigsten Fälle sind. Auf der andern Seite
ist es freilich auch nicht zu bestreiten, dass gerade in
Kreuznach mit Anpreisung des Bades gegen alle möglichen, auch die schwersten und unheilbarsten Formen
von Hautkrankheiten früher viel Missbrauch getrieben
ist, und dass vielleicht gerade in Folge dessen der
übertriebene Glaube an die Heilkraft unserer Quellen
bei chronischen Exanthemen jeder Art in sein Gegentheil umgeschlagen ist. Wir wollen versuchen, beide
Extreme zu vermeiden und werden diesen Zweck am
besten erreichen, indem wir bei Besprechung der einzelnen hier gewöhnlich zur Behandlung kommenden
Formen die hier gewonnenen Erfahrungen mittheilen.
Solche chronische Exantheme, bei denen wir hier nie-

mals eine heilsame Wirkung oder n u r die lindernde
und erweichende, welche mit jedem warmen und lang-
dauernden Wasserbade verbunden ist, beobachtet haben,
w. z. B. Ichtyosis, Prurigo, Lichen ruber, Elephantiasis,
Lupus u. A. schliessen wir lieber ganz von der Besprechung aus.

Was die hier speciell bei Hautkrankheiten geübte
Methode anbetrifft, so richtet sich natürlich die Energie
in der Anwendung der Kurmittel nach dem vorliegenden Fall, und nirgends würde sich die Behandlung
nach einer hergebrachten Schablone härter und schneller
bestrafen als bei den Hautkrankheiten. Es kann hier
daher nur im Allgemeinen gesagt oder vielmehr wiederholt werden, dass, abgesehen von scrophulosen Fällen,
bei denen noch die innerliche Wirkung des Soolwassers
zu betonen ist, und die nur einer allgemeinen anti-
scrophulosen Behandlung weichen, der Hauptaugenmerk
bei der Behandlung darauf gerichtet sein muss, durch
die Application der Soole resp. Mutterlauge die gesunkene Vitalität der Haut, welche wieder die Veranlassung von Circulationsstockungen (Stasen), Exsudationen und Infiltrationen, den eigentlichen Krankheits-
producten der meisten Hautkrankheiten, ist, zu neuer
Energie anzufachen, die Blutcirculation in der Cutis zu
beschleunigen und dadurch die Schmelzung und Resorption der gesetzten Exsudate zu ermöglichen. Dieser
Zweck wird meist dadurch erreicht, dass man den
Patienten zunächst einige warme und langdauernde
einfache Soolbäder nehmen lässt, um die Epidermis zu
erweichen und die vorhandenen Schuppen und Krusten

zu entfernen und dann den Bädern Mutterlauge in
steigender Quantität bis zu der für den individuellen
Fall geeigneten Stärke, die sich aber niemals von vornherein bestimmen lässt, zusetzt, um eben den nöthigen
Reiz auf die erkrankte Haut direct auszuüben. Von
grosser Wichtigkeit dabei ist aber, diese Reizmittel
nicht zu lange fortzusetzen, sondern im geeigneten Zeit-
punkt abzubrechen; und zwar wird das natürlich dann
geschehen müssen, wenn die vorhandenen krankhaften
Producte in der Cutis beseitigt sind, und man fürchten
müsste, durch Fortsetzung der Application des Reiz-
mittels in der noch sehr empfindlichen Haut einen
neuen, schädlichen Reiz zu setzen. Das ist die Gefahr
einer schablonenmässigen Anwendung der starken Bäder,
wie überhaupt die Gefahr einer jeden unmethodischen
und gedankenlosen Anwendung localer Mittel. Zuweilen genügt die Einwirkung allgemeiner Bäder nicht,
und wir müssen noch Umschläge von Mutterlauge,
Douchen etc. zu Hülfe nehmen. Daneben wird, wo es
erforderlich scheint, durch den gleichzeitigen innern Gebrauch der Soole oder eines andern Mineralbrunnens,
und vor allen Dingen durch ein zweckmässiges Regime
auch im Allgemeinen auf Anregung des Stoffwechsels
hinzuwirken sein.

Was die Zuhülfenahme anderer innerer oder
äusserer Mittel während der hiesigen Kur betrifft, so
versteht es sich wohl von selbst, dass wir sie nicht
zurückweisen werden, wo wir uns davon mit Sicherheit einen Nutzen versprechen können; denn wie jedes
Arztes, so ist es ja auch eines Badearztes erste Pflicht,

schnell und sicher, gleichviel mit welchen Mitteln, zu heilen. In allen Fällen aber, wo wir der Wirkung unserer speciellen Kurmittel die Beseitigung des Leidens nur irgend zutrauen, sowie in den sehr zahlreichen Fällen, wo die vorausgegangene methodische Behandlung mit den erprobten Mitteln der neueren Dermatologie keinen Erfolg erzielt haben, beschränken wir uns streng auf die Anwendung unserer Kurmittel, mit der Ausnahme jedoch, dass wir den Gebrauch auch anderer, rein erweichender Mittel als des warmen Bades in keinem Falle unterlassen, wo eine schnelle Entfernung von trockenen Epidermisschuppen, Eiterkrusten etc. erforderlich erscheint.

Eczem. Wir begreifen unter diesem Namen auch diejenigen, mehr pustulösen Formen (Impetigo capitis et faciei, Porrigo favosa), welche nach Hebra als Entwicklungsformen des Eczems zu betrachten sind, und welche besonders häufig bei scrophulosen Individuen auftreten.

Die Wirkung unseres Bades bei dieser hier am häufigsten zur Behandlung kommenden Hautkrankheit ist in vielen Fällen eine überraschend günstige und schnelle und pflegt eine um so günstigere zu sein, je geringer der Reizzustand der erkrankten Hautgebiete ist, je weniger acut das Uebel auftritt, je mehr das örtliche Leiden auf scrophuloser Basis beruht, und selbstverständlich auch, je geringer seine Ausbreitung ist. Dass aber auch manche Fälle von Eczem für Soolbäder gar nicht passen und unter ihrer Anwendung eher Verschlimmerung als Besserung erfahren, unter-

liegt keinem Zweifel; nur ist es in dem einzelnen Fall
nicht immer möglich, dies vorher festzustellen. Nach
des Verfassers Erfahrungen gehören in diese Kategorie
die meisten Fälle von Eczema universale mit starker
nässender Absonderung und grosser Reizbarkeit der
Haut, wie sie besonders häufig bei jüngeren Kindern
vorkommen, Fälle, die sich überhaupt jeder Behandlung
gegenüber äusserst hartnäckig erweisen, die aber wohl
meist mit besserem Erfolg mit Wasser und Leberthran etc.
als mit Soolbädern zu behandeln sein dürften. Gleichwohl hat der Verfasser auch von dieser Kategorie einige
wenige glänzende Erfolge durch Kreuznach neben einer
freilich überwiegenden Anzahl von Misserfolgen zu
registriren.

Die Anwendung unserer Bäder erheischt bei diesem
Leiden eine ganz besondere Vorsicht, und die jedes-
malige Stärke derselben muss mit grösster Sorgfalt bemessen werden, wenn man nicht riskiren will, anstatt
Heilung dauernde Verschlimmerung eintreten zu sehen.
Finden wir hier zuweilen bei sehr reizbarer Haut und
grosser Verbreitung des Uebels (Eczema universale)
schon die reinen Soolbäder anfangs zu reizend, so
sehen wir uns dagegen in andern Fällen mit sehr
chronischem Verlauf und bedeutender Infiltration der
Cutis genöthigt zu den stärksten Mutterlaugenzusätzen
zu greifen, und zwar meist mit eclatanterem Erfolg
als da, wo wir nur mit sehr schwachen Bädern operiren dürfen. — Was die von Hebra eingeführte Haupt-
eintheilung der mannigfachen Formen des Eczems in
Eczema simplex und Eczema rubrum betrifft, so ist

dieselbe auch für die hiesige Behandlung insofern von
Wichtigkeit, als das Eczema rubrum, welches das vor-
geschrittene Stadium und die mehr inveterirte Form
repräsentirt, meist eine viel energischere Application
unserer Heilmittel erträgt und erfordert. — Zuweilen
tritt nach einer Anzahl von Bädern eine vorübergehende
Verschlimmerung des Uebels ein, die aber, besonders
bei sehr torpiden Formen, nicht von schlechter, sondern
vielmehr meist von guter Bedeutung ist und nicht das
Abbrechen der Kur, sondern höchstens zuweilen Verringerung der Mutterlaugen-Zusätze indicirt. Dass in
allen Fällen, wo Allgemeinleiden, wie Scrophulose,
Chlorose, Unterleibsstockungen mit im Spiel sind, der
innere Gebrauch, sei es unseres Brunnens, sei es eines
andern (Kissingen, Schwalbach etc.) und eine dem
speciellen Fall angemessene Diät mit der Badekur verbunden sein muss, ist selbstverständlich. Was die Diät
anbelangt, so muss dieselbe hier eine besonders streng
geregelte sein. Fette und gewürzte Speisen, Spirituo-
sen, zuweilen selbst Thee und Kaffee sind zu untersagen, und die Nahrungsquantität ist überhaupt etwas
einzuschränken; dagegen muss man auf starke und an-
haltende Bewegung im Freien behufs Anregung der
Hautthätigkeit dringen.

Abgesehen von diesen Andeutungen lassen sich
allgemeine Vorschriften über die Anwendung unserer
Kurmittel bei dieser proteusartigen Krankheit nicht
leicht geben. Wie ja bei den chronischen Exanthemen
überhaupt die geschickte und consequente Anwendung
eines bestimmten Mittels von ebenso grosser Wichtig-

keit ist, als die Wahl des Mittels selbst, so können
besonders bei Behandlung der Eczeme nur Takt und
Erfahrung die Bestimmung der richtigen Stärke der
Bäder und des Zeitpunktes, bis zu welchem sie fortzusetzen sind, an die Hand geben.

Psoriasis. Nächst dem Eczem kommt von Hautkrankheiten die Psoriasis am häufigsten in unsere Behandlung. Jedoch muss man zugeben, dass unsere
Bäder allein dies Leiden wohl niemals zur dauernden
Heilung bringen, wenn sie auch die Wirkung der
eigentlich specifischen Mittel in wirksamster Weise zu
unterstützen vermögen und deshalb eine sehr wichtige
Rolle bei der Behandlung der Psoriasis spielen.

Die Behandlung erfordert eine sehr energische
Application der Mutterlauge und sehr warme und sehr
protrahirte Bäder. Zur Erweichung und Entfernung
der Schuppen lassen wir vor jedem Bade gewöhnlich.
eine Einreibung mit Schmierseife machen und machen
auch von Dampfbädern zu diesem Zweck häufigen Gebrauch. Im Bade müssen die kranken Hautstellen
stark frottirt werden. Nach dieser balneologischen Vor-
bereitung werden sodann die erkrankten Hautstellen
mit dem Mittel, das man für die eigentliche Behandlung gewählt hat, bearbeitet. Treten zu starke Reiz-
erscheinungen auf, so thut man gut abends noch ein
einfaches Soolbad oder Süsswasserbad nehmen zu lassen.

Furunculose. Die Neigung der Haut, bei gering-
fügigen äusseren Reizen, oder auch ohne alle nachweis-
baren äusseren Einwirkungen von circumscripten phleg-
monösen Entzündungen heimgesucht zu werden, welche

6*

durch fortwährende neue Nachschübe die Form einer chronischen Hautkrankheit annehmen, ist in vielen Fällen nur der Ausdruck eines Allgemeinleidens, wie besonders der Scrophulose. Jedoch giebt es auch genug Fälle, wo dieselbe bei anscheinend vollkommen gesunden und kräftigen Individuen, bei denen sich auch gar keine excessive Empfindlichkeit der Haut gegen Reize nachweisen lässt, vorkommt. Die Aetiologie ist, besonders bei der zweiten Gattung, dunkel; man muss aber wohl annehmen, dass hier eine, sei es angeborene, sei es erworbene Unvollkommenheit oder Schwäche in der Structur oder in den Functionen der Haut besteht, welche das Zustandekommen solcher circumscripter Entzündungen erleichtert. In beiden Fällen werden daher alle Mittel, welche einen belebenden Einfluss auf die Hautfunctionen, insbesondere auch auf die Hautcirculation und Innervation, auszuüben im Stande sind, ohne einen zu starken Reiz auszuüben, also in erster Linie auch die Soolbäder, gute Dienste leisten; und wo sich gar Scrophulose als ätiologisches Moment vorfindet, versteht es sich ohnehin von selbst, dass dieselben zu allererst in Frage kommen werden. Der Erfolg ist auch in der That in den allermeisten Fällen ein vorzüglicher. Man muss aber hier mit dem Zusatz der Mutterlauge anfangs sehr vorsichtig sein und erst allmählich, nachdem man sich überzeugt hat, dass keine übermässige Hautreizbarkeit besteht, zu stärkeren und ganz starken Bädern übergehen. Es kommen übrigens auch Fälle vor, wo gar keine Bäder vertragen werden.

Hautschwäche. Von den beiden mit diesem Namen

belegten sehr differenten Zuständen eignet sich für
unsere Soolbäder vorzugsweise derjenige, welcher sich
bei scrophulosen, schlechtgenährten Individuen und anderen Kachektikern, oder auch in der Reconvalescenz
nach schweren, acuten Krankheiten (Typhus, Scharlach)
vorkommt, und wobei sich die Haut meist derb, trocken
und leblos anfühlt (Hauttorpor, Niebergall). Bei der
anderen Kategorie dagegen, wo bei zarten Individuen
mit blasser, durchsichtiger Haut diese sich weich, zart
und schlaff anfühlt, und eine ausserordentlich geringe
Widerstandsfähigkeit gegen erkältende Einwirkungen
bei grosser Neigung zum Transpiriren besteht (Haut-
nervenschwäche), wird man im Allgemeinen mehr Erfolg von Kaltwasserkuren, Seebädern, Thermalsoolbädern
und Eisenbädern sehen. Immerhin ist aber auch hier
von der abhärtenden Wirkung unserer Soolbäder ein
guter Erfolg zu erwarten.

Ulcerationen der Haut. Von den sehr mannigfachen und zahlreichen Formen von Ulcerationen, die
in der äussern Haut auftreten, sind es natürlich vor
Allen die scrophulosen, welche in den Kreis unserer
Indicationen gehören. Wir haben oben gesehen, dass
die käsigen Producte der scrophulosen Entzündung der
Lymphdrüsen, sowie auch die der kalten Abscesse des
Unterhautzellgewebes, wenn sie erweichen, oft zur Bildung scrophuloser Geschwüre Anlass geben. Diese
bilden oft nur erhebliche Theilerscheinungen des Allgemeinleidens, können aber auch durch ihre grosse
Ausdehnung und ihre Prävalenz über alle andern
Symptome den wichtigsten und grössten Theil des
ganzen Krankheitsbildes einnehmen. Ist hier schon im

Allgemeinen durch die scrophulose Basis des Leidens
Kreuznach indicirt, so gestaltet sich diese Indication
noch dringender durch die Form der Localisation des
Leidens, weil hier unsere Bäder ausser der allgemeinen
noch ihre örtlich belebende und anregende Wirkung
auf die meist mit unreinem, leblosen Grund und schlaffen
unterminirten Rändern versehenen Geschwüre ausüben
können. Und in der That ist hier die Wirkung einer
längeren Badekur oft eine wundervolle, und man sieht
die ausgedehntesten, Hals und Brust beinahe bedecken-
den Ulcerationen von schlechtestem Aussehen manchmal schon nach 3—4 Wochen sich reinigen, mit gesunden Granulationen bedecken und nach weiterun
3—4 Wochen ganz oder fast ganz zur Heilung kommen.
Kräftige Diät und viel Aufenthalt im Freien müssen
hier natürlich die Wirkung der Kur wesentlich unterstützen. Der Umschläge von Soolwasser bedarf es zuweilen, aber durchaus nicht immer. Im folgenden
Winter wird man in den meisten Fällen gut thun,
Leberthran in möglichst grossen Dosen zu verordnen,
um so mehr, als es sich bei diesen Fällen meist um
Individuen mit erethischem Habitus handelt. Aber
auch bei anderen, bei tuberculosen, varicösen und selbst
syphilitischen (besonders tertiären) Hautgeschwüren
sehen wir unter dem Einfluss unserer Bäder oft überraschend schnell die lange vermisste Tendenz zur
Heilung eintreten. Das Gleiche gilt auch von dem
günstigen Einfluss unsrer Bäder auf schlecht heilende
Wunden überhaupt, der ja nach den grossen Kriegen,
wie in vielen andern Bädern, so auch hier in so überaus
segensreicher Weise hervorgetreten ist.

5. Frauenkrankheiten.

Verhältnissmässig erst spät, nachdem Kreuznach
sich schon durch seine Wirkungen in anderen Krankheiten seinen Namen gemacht hatte, lenkten auch die
günstigen Erfolge, welche unsere Quellen bei manchen
Affectionen der weiblichen Sexualorgane erzielt hatten,
die allgemeinere Aufmerksamkeit der Aerzte, und
speciell der Gynäkologen auf sich: ein Umstand, der
wohl mit dem ebenfalls erst seit einigen Decenien
datirenden Aufschwung der Gynäkologie als Specialität
zusammenhängt. Dann aber, sobald die Bahn einmal
gebrochen war, wurde des Guten auch beinahe zu
viel gethan, und es wurde von einigen, durch einzelne
glänzende Erfolge allzusehr enthusiasmirten Praktikern
innerhalb und ausserhalb des Bades dasselbe plötzlich
als Panacee für die heterogensten Fälle von Frauenkrankheiten angepriesen, die allervorgeschrittensten
und bösartigsten Fälle von Neubildungen nicht ausgeschlossen. Erfuhr dann nun auch diese Uebertreibung
endlich einen gesunden Rückschlag, der selbst manchmal in unberechtigte Skepsis ausartete, so steht die
Sache doch immer noch so, dass man sagen kann, es
werde auch jetzt noch hie und da der Wirksamkeit
unserer Quellen auf diesem Gebiet zu viel zugemuthet.
Diesen Uebertreibungen einerseits und der zu weit ge-

triebenen Skepsis andererseits gegenüber will ich, ehe
ich zur eingehenderen Besprechung der wichtigsten hier
vorkommenden Frauenkrankheiten und ihrer Behandlung durch unsere Kurmittel übergehe, zunächst in
kurzen Thesen meine eigenen einschlägigen Erfahrungen
formuliren:

1) Der Gebrauch von Kreuznach ist in erster Reihe
indicirt: bei Metritis chronica (Infarct), bei Recken-
exsudaten, welche nach im Uebrigen abgelaufenen
parametrischen Processen zurückgeblieben sind, und
bei den reinen Fibromyomen der Gebärmutter. Diese
Leiden werden durch den Gebrauch von Kreuznach in
den weitaus zahlreichsten Fällen gebessert, in manchen
Fällen (selbst von kleinen Myomen) geheilt. Die
Prognose in diesen Fällen ist um so günstiger, je
weniger noch Erscheinungen von entzündlicher Reizung
(besonders bei parametretischen Exsudaten) vorhanden
sind, und je widerstandsfähiger, kräftiger und zugäng-
licher für kräftige Bäder die Patientinnen sind.

2) Weit weniger als diese Processe sind den Wirkungen unserer Quellen zugänglich: die chronisch-entzündlichen Anschwellungen der Ovarien, selbst wenn
eine erhebliche entzündliche Reizung nicht mehr vorhanden ist, ferner der einfache Gebärmutter- und
Scheidenkatarrh.

3) Bei Ovariencysten, Fibrocysten der Gebärmutter,
sowie selbstverständlich bei allen heteroplastischen Neubildungen der weiblichen Geschlechtsorgane ist Kreuznach im Allgemeinen vollkommen unwirksam. Ver-
einzelte, fast immer nur ganz vorübergehende Besser-

ungen bei Hydrops ovarii können diesen Satz in seiner Allgemeinheit nicht umstossen. Kreuznach ist bei diesen Fällen insofern sogar contraindicirt, als eine Badekur stets in etwas den Kräftezustand herabsetzt, dessen Erhaltung, besonders wo eine Operation in Frage kommt, von so grosser Wichtigkeit ist.

4) Gravidität ist im allgemeinen keine Contraindication für den Gebrauch von Kreuznach.

Ueber die Behandlung der Frauenkrankheiten durch eine Kreuznacher Badekur dürften, bevor wir zur Besprechung der einzelnen Formen übergehen, ein Paar allgemeine Bemerkungen nicht überflüssig sein:

Vor allen Dingen muss betont werden, dass bei diesen Fällen mehr als bei allen anderen bisher abgehandelten neben der besonderen Wirkung der eigentlichen Kurmittel die allgemeinen diätetischen Unterstützungsmittel der Badekur als wesentliche Momente für den günstigen Erfolg der Kur in Betracht kommen. Zu diesen Unterstützungsmitteln rechne ich vor allen Dingen die Ruhe, und zwar die Ruhe in allseitigster Hinsicht: Die Ruhe von häuslichen Pflichten, Sorgen und Anstrengungen, die Ruhe in geschlechtlicher Hinsicht und in manchen Fällen — ich wage es auszusprechen — auch die Ruhe von gynäkologischer Behandlung, resp. Ueberbehandlung. Denn gestehen wir es nur offen: In dieser Hinsicht hat der unvergleichliche Aufschwung der Gynäkologie in den letzten 30 Jahren nicht blos gute Folgen gehabt. Er hat der Vielgeschäftigkeit mangelhaft gynäkologisch gebildeter oder charlatanischer Aerzte ein sehr bequemes und

ausgiebiges Feld eröffnet, auf dem dieselbe sich insofern
ungestraft und in ziemlich uncontrolirbarer Weise
tummeln kann, als die üblen Folgen für das Versuchs-
object nicht so schnell und unverkennbar auftreten.
Was ist am Ende bequemer und scheinbar harmloser
und sieht doch einem wirklichen spezialärztlichen
Handeln ähnlicher, als eine arme Frau täglich auf dem
Untersuchungsstuhl zu quälen, das speculum einzuführen
und den ganzen Genitalkanal, soweit man dringen kann,
mit mehr oder weniger ätzenden Substanzen zu be-
streichen! Ein Vorwurf übrigens, wie ich, um Irrthum zu
vermeiden, gleich hinzufügen will, der nicht etwa allein
auf manche Pseudogynokologen, sondern auch auf manche
Badeärzte zielt und diese um so mehr trifft, als diese
sich durch eine solche vielgeschäftige Ueberbehandlung
gerade gegen eine der ersten und wichtigsten Indicationen bei der Badekur, eben gegen die der
Ruhe, versündigen. Aber auch wenn die Patientinnen
aus den Händen von Gynäkologen oder gynäkologisch
durchgebildeter Hausärzte, wie in den weitaus meisten
Fällen, ins Bad kommen, wenn also von einer vorher-
gegangenen Miss- oder Ueberbehandlung nicht die Rede
sein kann, sollte der Badearzt erst recht zurückhaltend
mit örtlicher Behandlung sein und nicht vergessen, dass
es in sehr vielen Fällen in der wohlbegründeten In-
tention des behandelnden Arztes oder Specialisten lag,
die Patientinnen aus der örtlichen Behandlung zu ent-
lassen und die Vollendung der Heilung den günstigen
Einwirkungen des Bades anzuvertrauen.*)

*) Selbstverständlich ist diese Warnung nicht unterschiedlos

Aus der grossen Bedeutung, welche wie der Ruhe
bei der balneologischen Behandlung der Frauenkrankheiten vindiciren zu müssen geglaubt haben, folgt von
selbst, dass wir uns hüten müssen, durch unsere Bade-
verordnungen selbst dieser Indication entgegenzuwirken,
d. h. dass wir nicht etwa z. B. durch Verordnung zu
starker Bäder von vornherein das Nervensystem in
eine oft schwer wieder zu beschwichtigende Aufregung
versetzen oder durch zu starke örtliche Applicationen
(Douchen etc.) übermässige örtliche Reizungen und Er-
schütterungen verursachen dürfen. Es ist desshalb hier
von besonderer Wichtigkeit, die Kur vorsichtig mit
schwachen, durch Ruhetage unterbrochenen, Bädern zu
beginnen und sie nur allmählich nach Massgabe der
Widerstandsfähigkeit und der Reaction des Nerven-
systems, mit dieser Beschränkung aber allerdings so
viel wie möglich, zu verstärken. Auf die Temperatur
des Bades muss die sorgfältigste Rücksicht genommen
werden. Man hat sich hier ganz besonders davor zu
hüten, niemals durch zu hohe Temperatur den Tonus
der Gewebe zu erschlaffen und die Widerstandsfähigkeit des ganzen Organismus herabzusetzen, andererseits aber auch durch zu kühle und gleichzeitig zu
lange dauernde Bäder die nachfolgende Reaction, nämlich die Fluxion nach der äusseren Haut, zu vereiteln
und dadurch die vorübergehende nützliche und beab-

---

gegen jede locale Behandlung während der Badekur gerichtet und
ist anzuerkennen, dass insbesondere die Massage der Gebärmutter etc. oft sehr zweckmässig mit derselben verbunden werden
kann.

sichtigte Fluxion zu den inneren Organen, also auch
den Geschlechtsorganen, zu einer dauernden und schädlichen zu machen. Endlich wird man auch bei der
örtlichen Anwendung der Soole, die hier wie anderswo
in Form von mehr oder weniger starken Douchen sehr
beliebt ist, mit grosser Vorsicht und nicht selten sogar
mit weiser Zurückhaltung zu verfahren haben. Denn
so vortreffliche Dienste manchmal Douchen mit selbst
starkem Druck, z. B. bei Hypertrophie des Uterus mit
Erschlaffung des Gewebes leistet, so gefährlich kann
in anderen Fällen, z. B. bei parametritischen Zuständen,
ihre Anwendung sein. In jedem Fall aber müssen wir
es uns angelegen sein lassen, die Patienten auf das
Genaueste über das Wie ihrer Anwendung zu unter-
richten. Als weiteren allgemeinen Grundsatz für die
balneologische Behandlung gynäkologischer Fälle möchte
ich hinstellen, dass die Badekur in allen Fällen, wo
nicht bestimmte Erscheinungen die frühere Beendigung
kategorisch fordern, sehr lange, d. h. auf 6—10 Wochen
auszudehnen sei. Schon die oben betonte Nothwendig-
keit, die Kur in allen Fällen langsam und vorsichtig
zu beginnen, sowie die nothgedrungenen Pausen, welche
die Menstruation nöthig macht, weisen darauf hin; noch
mehr aber die Erwägung, dass es wohl stets einer sehr
langen Aneinanderreihung und Summirung kleiner täg-
licher Wirkungen bedürfen werde, um so grosse Endwirkungen, wie die Reduction einer erheblich hyper-
trophirten Gebärmutter, die Resorption eines massen-
haften Exsudats, oder gar die Verkleinerung oder die
Resorption eines Myoms es sind, hervorzubringen. —

Eine Nachkur ist in diesen Fällen stets sehr wünschenswerth, sehr häufig selbst nothwendig und von grösster
Wichtigkeit. Jedoch will ich darunter keineswegs den
Gebrauch eines anderen Bades verstanden wissen, sondern
halte im Gegentheil das Aneinanderfügen zweier verschiedener Badekuren meistens für keine erspriessliche
Procedur. Ich verstehe vielmehr hier unter Nachkur
nur einen längeren Zeitraum (3—4 Wochen) der Ruhe
und Erholung, sei es, wo die häuslichen Verhältnisse
darnach angethan sind, zu Hause, sei es — und das ist
wohl meist das Bessere — an einem ruhigen Sommer-
kurort mit stärkender Luft, gleichgiltig ob Land-, Ge-
birgs- oder Seeluft. Ernstlich gewarnt werden muss
aber vor sogenannten Vergnügungsreisen in moderner
Manier nach der Badekur, welche ja von manchen Leuten
auch immer noch unter die „Erholungen" gezählt werden.
Dieser „Erholung" ist die sofortige Rückkehr nach Hause
bei weitem vorzuziehen. Zum Schluss dieser Aufführ-
ung einiger allgemeiner, für die hiesige Behandlung
massgebender, Grundsätze noch eine, die Indicationsfrage betreffende Bemerkung: Es ist behauptet worden,
dass Schwangerschaft den Gebrauch von Kreuznach con-
traindicire. Dies muss ich nach meinen Erfahrungen,
die sich mit denen vieler anderer hiesigen Aerzte in
Uebereinstimmung befinden, entschieden bestreiten. Unter
der ziemlich beträchtlichen Anzahl Schwangeren meiner
hiesigen Beobachtung, welche — natürlich mit gewissen
Cautelen — die hiesige Kur gebraucht haben, habe ich
keinen einzigen Abortus zu verzeichnen, noch ist mir
ein Fall bekannt geworden, wo ein solcher später in

muthmasslicher Folge der Kur erfolgt sei. Freilich wird
man bei habituellen Abortus eine solche Kur lieber
nicht riskiren, und in jedem Fall wird man auch lieber
Abstand nehmen von örtlichen Applicationen, welche,
wie starke Douchen, eine beträchtliche Erschütterung
der Gebärmutter verursachen können. Obgleich, wenn
man sich erinnert, dass Schwangere selbst solche Ein-
griffe wie eine Ovariotomie, ohne zu abortiren, zu ertragen vermögen, man vielleicht so ängstlich nicht einmal zu sein brauchte.

Chronische Metritis. Infarctus uteri. Die günstige
Wirkung Kreuznachs bei den chronisch-entzündlichen
Anschwellungen, sei es der ganzen Gebärmutter, sei
es einzelner Abschnitte derselben, wie sie besonders
nach im Wochenbett acquirirter Metritis sich auszu-
bilden und zurückzubleiben pflegen, hat wohl in erster
Reihe dazu beigetragen, den guten Ruf Kreuznach's bei
Frauenkrankheiten, nachdem die Zeiten der „Wunder-
kuren" vorüber waren, solide und dauerhaft zu begründen.
In der That dürften es fast nur die ganz inveterirten Fälle
von chronischer Metritis sein, in denen eine Kreuznacher
Badekur gar keine günstige Wirkung mehr ausübt, und
in denen nicht wenigstens eine theilweise Rückbildung
des vergrösserten Organs und eine entsprechende Besserung der begleitenden Symptome durch dieselbe erzielt
wird. Vollständige Heilung und Reductio ad integrum
erfolgt ja auch hier freilich nur in seltenen Fällen, und
fast immer nur nach wiederholten Kuren. Doch sind
auch die Fälle nicht ganz selten, wo Knickungen von
mässigem Grade und nicht zu altem Datum in Folge

der Rückbildung verschwinden, und die jahrelang durch
die Knickung oder den begleitenden Katarrh unter-
brochene Conceptionsfähigkeit durch Kreuznach wieder-
hergestellt wurde. Die Prognose gestaltet sich für den
Gebrauch von Kreuznach um so günstiger, je frischer
der Fall ist, je kräftiger und widerstandsfähiger die
Constitution ist, und je weicher und turgescenter sich
dabei das Organ anfühlt. Erheblich ungünstiger ist sie
dagegen — abgesehen von den ganz veralteten Fällen —
bei allgemeiner und localer Anaemie, wobei der Uterus
wegen des mangelnden Tonus im Ganzen schlaff erscheint,
das Gewebe sich dabei aber trocken und hart anfühlt,
ferner bei grosser localer und allgemeiner Reizbarkeit.
Im ersten Fall, wo eine Resorption der hypertrophischen
Elemente wohl überhaupt durch kein Mittel mehr zu
erwarten steht, und wo mehr die allgemeine Anaemie
und Ernährungsstörung zu berücksichtigen ist, passen
wohl besser die kohlensäurehaltigen Eisenwässer; im
zweiten Fall dagegen, nämlich bei excessiver, allgemeiner Reizbarkeit, möchten, zunächst wenigstens,
Schlangenbad und ähnliche indifferente Thermen vorzuziehen sein, welche in solchen Fällen wohl überhaupt
eine bessere Anwendung als Vorbereitungskuren für ein
nachfolgendes Soolbad als, wie es üblich ist, als Nachkuren nach einem Soolbad fänden.

Die Behandlung muss — natürlich stets mit sorg-
fältiger Berücksichtigung des Kräftezustandes und der
Reizbarkeit — eine möglichst energische sein. Wir
beginnen mit einigen leichten Bädern zur Erprobung
dieser und verstärken sie dann schnell bis zu dem,

für den vorliegenden Fall erforderlich erscheinenden Grade; oft bis zu 10 Liter und mehr. Dabei ist sorgfältig darauf zu achten, dass die Temperatur und die Badedauer nicht übertrieben werden, was leicht ein Ausbleiben der hier ganz besonders wichtigen Reaction (Hautfluxion) nach dem Bade zu Folge haben könnte. Wo dieselbe dennoch ausbleibt, ist es gerathen, sie durch Wärmemittel (heisse Krüge) im Bett künstlich hervorzurufen, damit nicht etwa die vorübergehend erwünschte Fluxion nach den inneren Organen (Uterus) eine dauernde bleibe. Von örtlichen Applicationen der Soole und Mutterlauge machen wir in Form von Umschlägen auf den Unterleib, Injectionen in die Scheide und kleinen Klystieren vielfachen Gebrauch. Die Umschläge von verdünnter bis selbst reiner Mutterlauge sollen einen kräftigen Gegenreiz auf den Unterleib ausüben indem sie in der Haut desselben eine dauernde lokale Hyperämie erzeugen. Dass dabei auch eine nicht unbeträchtliche Resorption ihrer Bestandtheile von der Haut aus stattfindet, und dass dadurch weitere Wirkungen auf die vasomotorischen Nerven des Unterleibs eingeleitet werden, ist wohl als wahrscheinlich anzunehmen. Injectionen in die Scheide von nicht zu warmer Soole verordnen wir in den meisten Fällen, wo nicht grosse locale Empfindlichkeit, oder gar parametritische Reizungszustände davon abmahnen. Bei schlaffem Uterus und grosser Indolenz des Genitalapparates kann man dabei mit Vortheil einen kräftigen Druck anwenden; im Allgemeinen aber ist dabei grosse Vorsicht und stets genaue Instruction der Patienten

geboten. Die vielfach empfohlenen und beliebten Bade-
specula lasse ich, als mindestens zwecklos, zuweilen
aber selbst schädlich, gar nicht anwenden. Sie können
doch nur den Zweck haben, der Badeflüssigkeit den
Weg bis an den Scheidentheil zu eröffnen; dieses
Mittels bedarf es aber dafür bei Frauen nicht, weil
bei ihnen auch ohnedies das Badewasser soweit ein-
dringt, bei Mädchen aber dürfte es aus andern Gründen zu verwerfen sein. Auch wird in vielen Fällen
die Einführung eines solchen Instruments während
eines so langen Zeitraumes nicht ohne schädlichen
Reiz geschehen können. Sehr zu empfehlen sind dagegen ganz kleine (25—40 Gramm) Klystiere von
Soole, welche schnell und vollständig resorbirt zu
werden pflegen, und die man zwei Mal täglich wiederholen lassen kann.

Mit der Badekur ist fast immer mit Nutzen die
Trinkkur zu verbinden, sowohl wegen ihrer allgemeinen
Wirkung, als auch wegen der meistens bestehenden
Verstopfung, welche ihres congestionirenden Einflusses
auf die Unterleibsorgane wegen nicht zu gering geachtet
werden sollte. Wird die Elisabethquelle in leicht ab-
führender Quantität ohne Belästigung des Magens vertragen, so verordnen wir natürlich diese; wo nicht,
an Stelle derselben lieber Ragoczy oder Eger Salz-
quelle mit oder ohne Zusatz von Carlsbader Salz; bei
plethorischen Individuen mit träger Verdauung Marien-
bader Kreuzbrunnen oder verstärkten Carlsbader Mühl-
brunnen. Seine zurückhaltende Stellung in Bezug
auf die Zuhülfenahme der localen Behandlung (bei

Erosionen und Ulcerationen der Vaginalportion, papillärer
Wucherungen im Cervicalcanal etc.) hat der Verfasser
schon früher dargelegt; sie wird ja nicht immer, zumal
bei vernachlässigten Fällen, vermieden werden können;
man sollte aber auch nicht vergessen, dass es in den
meisten Fällen lediglich Folgezustände sind, die mit
Beseitigung der Grundursache durch die Badekur meist
von selbst heilen, und die, wenn dies auch nicht der
Fall ist, nach der bessernden Wirkung der Badekur
gewöhnlich schneller einer localen Behandlung weichen
als während derselben. Dagegen wendet der Verfasser seit einigen Jahren bei bedeutenden Infarcten
und sehr schlaffem Gewebe zur Unterstützung der
Bäderwirkung die Ergotin-Injectionen an und glaubt,
bei lange fortgesetztem Gebrauch derselben recht gute
Erfolge davon beobachtet zu haben.

Parametritis. Von der Behandlung parametritischer
Zustände durch eine Kreuznacher Badekur kann natürlich nur die Rede sein, wo es sich um abgelaufene
Entzündungen mit zurückgebliebenen Exsudatresten in
den Adnexen des Uterus oder im Douglas'schen Raum etc.
handelt. Aber auch da ist bei Anwendung der Bäder
die grösste Vorsicht geboten, und muss besonders die
allergrösste körperliche Ruhe und Schonung anempfohlen
werden. Zur Unterstützung der Kur sind hier warme
Umschläge von verdünnter oder concentrirter Mutterlauge sehr am Platz; dagegen muss vor Anwendung
der Douche, auch wenn dieselbe in der allerschonend-
sten Weise gehandhabt wird, entschieden gewarnt
werden. Der Nutzen ist zweifelhaft, der Schaden aber,

der durch unvorsichtige oder ungeschickte Anwendung
bei diesen so sehr zu Rückfällen neigenden Zuständen
angerichtet werden kann, wie der Verfasser selbst erfahren hat, leider zuweilen nur zu handgreiflich. Die
Erfolge Kreuznach's, obgleich in vielen Fällen zweifel-
los, sind hier übrigens nicht so glänzende, wie man
wohl a priori anzunehmen geneigt wäre.

Fibromyon des Uterus. Die Wirkungen der jod-
und bromhaltigen Soolbäder und insbesondere auch
Kreuznach's bei Fibromyonen der Gebärmutter sind
ohne Zweifel von überschwenglichen Lobrednern vielfach übertrieben worden, und erfahrene Gynäkologen
mögen wohl nicht selten bedenklich den Kopf schütteln,
wenn ihnen sogenannte statistische Angaben über 10
bis 20 Procent „Heilungen“ und 50 bis 60 Procent
„Verkleinerungen“ nach dem Gebrauche Kreuznach's
oder verwandter Bäder zu Gesicht kommen. Nach
meinen, sich nun auf weit über 200 Fälle, von denen
die allermeisten mehrere Jahre nacheinander beobachtet
werden konnten, sich erstreckenden Erfahrungen kommt
es ohne Zweifel hie und da zur Verkleinerung, und
selbst zum Verschwinden kleinerer (besonders inter-
stitieller und submuköser) Geschwülste nach dem ein-
oder mehrmaligen Gebrauch von Kreuznach. Diese
Fälle sind aber doch im Ganzen recht selten, und
wenn sich darauf die günstige Wirkung unseres Bades
bei Uterusmyomen beschränkte, so würde das nicht zu
besonders dringender Empfehlung Kreuznach's gegen
dies Leiden ermuthigen und sicherlich nicht unserem
Bade einen so grossen, immer noch steigenden Ruf

hierbei verschafft haben. Die Hauptwirkung Kreuznach's liegt indessen bei diesen Fällen auch anderswo,
nämlich in der Besserung der begleitenden Symptome,
und zwar vor Allen der lästigsten und gefährlichsten
derselben, der Blutungen. In dieser Hinsicht hat
der Gebrauch von Kreuznach in der That in der
Regel einen günstigen Einfluss, auch wenn sich gar
keine Abnahme der Geschwulst nachweisen lässt; und
ich glaube, dass diese Wirkung dadurch zu Stande
kommt, dass durch den Gebrauch der Bäder die, die
Bildung von solchen Geschwülsten stets begleitende,
und als die eigentliche Quelle der Menorrhagien zu
betrachtende Hypertrophie und Hyperämie des Uterin-
gewebes eine erhebliche Reduction erfährt. Denn nicht
aus der Geschwulst selbst, die ja im Gegentheil stets
eine sehr derbe, gefässarme Structur zeigt, sondern aus
der hyperämischen Schleimhaut des hypertrophischen,
saftreichen Uterus erfolgen die excessiven Blutungen.
Eine weitere Folge dieser nächsten Wirkung ist nun
in sehr vielen Fällen sicherlich der Stillstand oder
wenigstens die Verlangsamung im Wachsthum der Geschwulst, in seltenen Fällen auch wohl wirkliche Verkleinerung oder selbst Schwund der Geschwulst, in
Folge der Beschränkung der ernährenden Blutzufuhr;
in allen Fällen aber wird durch dieselbe sehr leicht
der Schein einer wirklichen Verkleinerung der Geschwulst erregt werden können, und dieser Umstand
mag wohl auch manchen gar zu optimistischen statist-
ischen Angaben zu Grunde liegen. Denn es ist klar,
dass besonders kleine interstitielle Geschwülste leicht

kleiner oder grösser erscheinen werden, je nachdem sie
von normalem oder hypertrophischem Uteringewebe
umgeben sind. Die Thatsache, dass sich Kreuznach bei diesen Geschwülsten weniger in der Besserung oder Heilung des
Uebels selbst als in der Besserung seines wichtigsten
und gefährlichsten Symptoms, nämlich der Menorrhagie,
bewährt, dürfte seinen Werth als Heilmittel übrigens
kaum herabsetzen, denn die Menorrhagie ist nicht nur
das gefährlichste Symptom, sondern, einige wenige
seltnere Complicationen, wie Retroflexion mit Ein-
keilung und Urinretention, Ascites etc. abgerechnet,
in der That das einzige, direct durch Verblutung
oder indirect durch Folgezustände (Anaemie, Tuberculose etc.) das Leben bedrohende Symptom; und da
ein Radicalmittel, wenn wir von dem nur in dringenden
Fällen, weil nicht ungefährlichen, operativen Eingriff
absehen, uns leider nicht zu Gebot steht, so wird
die Hauptaufgabe der Therapie immer die sein müssen,
die Blutungen so viel wie möglich und so lange
wie möglich zu unterdrücken oder wenigstens einzuschränken und den Patienten so mit möglichst
geringer Schwächung ihrer Kräfte über die Zeit der
Menopause hinüberzuhelfen. Ein Mittel, welches diese
Indication auch nur in der Mehrzahl der Fälle erfüllt,
wird man nicht leicht zu hoch schätzen können, und
ein solches ist Kreuznach. Nicht allein, aber doch
ohne andere Rivalen als die Ergotininjectionen, welchen
zwar vielleicht eine noch sicherere Wirkung, besonders
auf wirkliche Verkleinerung der Geschwülste zuzu-

sprechen ist, deren Anwendung aber dafür auch sehr häufig mit lästigen oder selbst bedenklichen Nebenerscheinungen verbunden ist.

Aus dem Vorstehenden ergiebt sich ohne Weiteres, dass Kreuznach streng genommen, nur in den Fällen von Fibromyomen des uterus indizirt ist, welche mit mehr oder weniger heftigen Menorrhagien verbunden sind, also bei submucosem oder interstitiellem Sitz der Geschwulst. Wo keine verstärkte Blutungen stattfinden, wie meist bei subperitonealen Geschwülsten und besonders bei den gestielt aufsitzenden, die ja in so vielen Fällen überhaupt wenig oder gar keine Erscheinungen machen, manchmal bis zu einer gewissen, oft kolossalen Grösse wachsen und dann in einem Zustand von Schrumpfung oder Verkalkung bis in's hohe Alter ohne alle Beschwerden bestehen bleiben, wird man von Kreuznach nur in den seltenen Fällen, wo eine wirkliche Resorption erzielt wird, einen Erfolg sehen.

Soll die Behandlung durch unsere Bäder zu einem guten Resultat führen, so ist eine energische und lange fortgesetzte, durch Umschläge von möglichst concentrirter Mutterlauge, oft auch durch kleine Soolwasser-Lavements zu unterstützende Kur immer nothwendig. Erlaubt der Kräftezustand eine sehr energische Anwendung der Bäder nicht, so muss die Kur zwar in langsamerem Tempo gebraucht, aber desto länger fortgesetzt werden. Bei der Unsicherheit des Erfolges wird man natürlich kein Mittel verschmähen, welches diesen mehr zu sichern vermag und ich pflege desshalb in allen Fällen, wo dieselben irgend vertragen werden, während der Badekur Ergotin-Injectionen zu machen und dieselben womöglich noch den ganzen folgenden Winter hindurch fortsetzen zu lassen. Ich glaube gerade dieser combinirten Methode so manche hocherfreulichen Erfolge bei grossen Myomen mit recht schlimmen Blutungen zuschreiben zu dürfen. Auch bei günstigem Erfolg sollte die Kur stets eine Reihe von Jahren wiederholt werden.

Chronische Oophoritis. Die Erfolge Kreuznach's bei diesem Leiden entsprechen leider nicht ganz den Erwartungen, die man nach Analogie seiner Wirkung auf andere Drüsenschwellungen davon zu hegen geneigt ist; vielmehr pflegt dasselbe meist unseren Kurmitteln mit derselben Hartnäckigkeit zu widerstehen, wie den anderen örtlichen und allgemeinen Mitteln. Vielleicht ist diese mangelhafte Wirksamkeit Kreuznach's häufig mit darin begründet, dass die bei diesen Fällen so häufig bestehende, oft sich bis zu Neuralgien und hysterischen Anfällen steigernde Reizbarkeit eine energische und erfolgreiche Anwendung unserer Kurmittel in den meisten Fällen verbietet, und dass man meistens genöthigt ist, mit ganz schwachen, häufig unterbrochenen, Soolbädern zu operiren. Zuweilen, aber durchaus nicht immer, gelingt es, durch Bromkali innerlich oder in Form von Viginalkugeln die Reizbarkeit etwas herabzusetzen und dadurch die Bedingungen für Anwendung stärkerer Bäder herzustellen.

Hydrops Ovarii. Ovariencysten kommen, seitdem die Ovariotomie eine verhältnissmässig ungefährliche Operation geworden ist, in Kreuznach nur noch selten zur Behandlung, und wir können uns zu dieser Verengerung unseres Indicationskreises nur Glück wünschen. Denn erzielt wurde und wird hierbei durch eine Kreuznacher Kur im günstigsten Falle immer nur eine vorübergehende und meistens auch nur sehr geringe Besserung, die nicht viel länger als die Kur selbst zu dauern pflegt. In einem Fall habe ich allerdings ein Stehenbleiben in dem Wachsthum einer Cyste während 8 Jahren bei ebenso langem Gebrauch von Kreuznach beobachtet, bis endlich doch wieder eine schnelle Zunahme erfolgte; indessen dürfte das doch ein seltener Ausnahmsfall sein.

Krankheiten der Mamma. Die einfachen Verhärtungen der Brustdrüse, welche aus Bindegewebswucherungen bestehen, weichen sehr häufig dem Gebrauch von Kreuznach. Bei wirklicher Hypertrophie, d. h. Massenzunahme der ganzen Drüse, von eigentlichen Neubildungen ganz zu schweigen, sah ich dagegen niemals einen Erfolg.

VI. Die Diät.

Dieses Kapitel muss ich mit dem paradox erscheinenden Ausspruch beginnen, dass es eine allgemein
gültige „Kreuznacher Diät" nicht giebt, von so grosser
Wichtigkeit das diätetische Verhalten im engern und
weitern Sinne hier wie in allen ernsthaften Bädern
auch ist. Damit will ich andeuten, was ja allen Aerzten
heute bekannt ist, was aber Badegästen plausibel zu
machen, meist eine recht schwierige und dazu oft
genug auch wohl undankbare Aufgabe ist: dass es
sich nämlich bei den Diätverordnungen in Kreuznach
nicht um allgemeingültige Verbote gewisser mit der
Quelle unverträglicher Speisen, um keinen feststehen-
den „index ciborum prohibitorum" handelt, sondern
um dem besonderen Falle streng angepasste und bei
der grossen Verschiedenheit der hier zur Behandlung
kommenden Fälle also sehr verschiedene, nicht allein
die Nahrung betreffende, sondern die ganze Lebenseinrichtung während der Kurzeit und selbst noch nach-
her regelnde Vorschriften. Die älteren Badeärzte wurden
bei ihren engeren Diätverordnungen entweder durch
vermeintliche, oft recht missverstandene, chemische
Thatsachen geleitet oder durch die Anschauung von
der Unverträglichkeit gewisser Nahrungsmittel bei gewissen Zuständen, womit sie ja öfters das Richtige,

manchmal aber auch daneben trafen; sie verboten
daher alle Säuren, auch Fruchtsäuren, weil dieselben
die Jod- und Bromverbindungen der Quelle zersetzen
sollten, und die Kartoffeln und die Butter, weil sie
mehl- und fetthaltige Speisen bei den „Scrofeln" ganz
allgemein perhorrescirten. Es ist wohl keine Frage,
dass sie auch da, wo sie aus mangelhaften chemischen
und physiologischen Anschauungen irrten, durch solche
unnöthigen Verbote keinen grossen Schaden anrich-
teten, und dass diese summarische Methode der Diät-
verbote andererseits viel bequemes für Aerzte und
Patienten hatte; indessen wir können es uns heute so
bequem nicht mehr machen, und unsere erweiterten
Kenntnisse legen uns die Verpflichtung auf, bei der so
wichtigen Diätfrage nach anderen, wissenschaftlicheren
Prinzipien zu verfahren, d. h. jedem besonderen Falle
bei den Diätverordnungen in vollstem Maasse gerecht
zu werden.

Indessen bleiben doch immer, auch beim strengsten
Individualisiren, gewisse, die Nahrung oder das allgemeine diätetische Verhalten betreffende Regeln übrig,
welche für Kreuznach doch in der grossen Mehrzahl
der Fälle ihre Giltigkeit behalten, und auf welche ich
hier aufmerksam zu machen nicht für überflüssig halte.

Was zunächst die Frage der erlaubten oder ver-
botenen Speisen betrifft, die da jeden Kurgast besonders interessirt, so giebt es also hier eine feststehende
Liste verbotener Dinge nicht. Daraus folgt natürlich
aber nicht, dass ein Jeder sich hier in qualitativer und
quantitativer Hinsicht ungenirt den Gelüsten seines

Appetites hingeben darf. Man kann höchstens sagen, dass, wie schon aus Allem hervorgeht, was über die Wirkungsweise und die Indicationen im Allgemeinen gesagt worden ist, in der Mehrzahl der Fälle hier keine eigentliche entziehende Diät am Platze sein wird, sondern im Gegentheil eher eine kräftige, ernährende und anregende. Also im Ganzen: eine kräftige Fleischdiät mit Beschränkung, aber keineswegs gänzlicher Vermeidung der Kohlenhydrate. Was speciell die vielfach, besonders von Badegästen ventilirte Kartoffel- und Butterfrage betrifft, so sind dieselben ja keineswegs schädliche und mit dem Brunnen unverträgliche Nahrungsmittel; da indessen auch ohne den directen Genuss derselben mit den anderen Speisen reichlich genug mehl- und fetthaltige Substanzen einverleibt werden, und die Kartoffeln mit Vorliebe nicht in der verdaulichsten Form als Purée, sondern in der unverdaulichsten als fette Bratkartoffeln etc. genossen zu werden pflegen, so hat das absolute Verbot dieser Dinge doch meist das Gute, dass dadurch in jedem Falle die Zufuhr der Kohlenhydrate vermindert wird und der Patient nicht jedesmal erst zu überlegen braucht, wieviel er wohl davon nehmen dürfe: ein Dilemma zwischen Pflicht und Appetit, in welchem der letzte doch fast immer den Ausschlag zu geben pflegt. Auszunehmen sind natürlich von dieser Regel der Beschränkung der Kohlenhydrate die Fälle mit erethischem Habitus, wo, wie wir gelesen haben, gerade eine vermehrte Zufuhr derselben wünschenswerth ist (Leberthranfälle). Ein noch strengeres Verbot trifft natürlich

alle diejenigen Dinge, welche an und für sich ganz
entbehrlich sind, sehr leicht den Appetit beeinträchtigen
und gastrische Störungen, besonders bei Kindern, hervorrufen, wie die meisten Konditorwaaren, Mandeln, sehr
fette Fische (Salm) und Saucen, Mayonaisen, pikante
Ragouts, Gurkensalat etc. Diese Sachen könnte und
sollte man in der That, und zwar in allen Bädern, auf
den Index setzen. Man muss nicht vergessen, dass
jede, auch die geringste, während der Badekur ein-
tretende, Verdauungsstörung auch eine grössere oder
geringere Störung im Gebrauch und in der Wirkung
der Kur zur Folge hat. Dagegen hat in den meisten
Fällen gar keinen vernünftigen Sinn das absolute Verbot reifer Früchte; im Gegentheil bin ich der Ansicht,
dass dieselben, mit Maass und Auswahl und natürlich
nicht unmittelbar nach dem Brunnen genossen, recht
zuträglich sind. Dasselbe gilt von dem Kopfsalat, der
gewöhnlich wegen des dem Jod feindlichen Essigs in
den Bann gethan wird.

Was die Getränke betrifft, so ist an und für sich
der mässige Genuss von Kaffee und, Thee, Bier und
Wein keineswegs verpönt, kann es aber unter Umständen sehr wohl sein. Hier sind für jeden Fall ganz bestimmte Verordnungen erforderlich, und besonders muss
das erlaubte Quantum von Bier oder Wein jedesmal
genau verordnet werden. Kindern ist der Genuss von
Wein in der Regel zu untersagen und nur in ganz besonderen Fällen als Anregungsmittel zu verordnen.
Die jetzt so beliebte Methode, schwächliche und vielleicht schon ohnehin sehr erregbare Kinder täglich
durch Wein zu „stärken" halte ich für ganz verkehrt.

Von gleicher Wichtigkeit sind natürlich die die ganze übrige Lebensweise betreffenden diätetischen Vorschriften im weiteren Sinne, wozu ich auch besonders das Verhalten in und nach dem Bade und bei der Brunnenkur rechne. Wie die Kreuznacher Kur ja wesentlich eine Anregung des Stoffwechsels bezweckt, so muss auch die ganze Lebenseinrichtung möglichst auf die Förderung dieses Zweckes gerichtet sein. Darum ist, wo nicht die Natur des Leidens Einspruch erhebt, viele und lebhafte Bewegung in der freien Luft stets anzurathen, mit der Einschränkung jedoch, dass Uebermüdung dabei sorgfältig zu vermeiden ist. Man beginne damit schon möglichst früh um 6 Uhr bei Gelegenheit des Brunnentrinkens (welches schon allein aus diesem Grunde ein wichtiges Adjuvans bei der Kur ist), und dehne die Brunnenpromenade je nach Kräften auf $^3/_4-1^1/_2$ Stunden aus. Nach dem darauf folgenden, womöglich etwas substantiellen Frühstück, sollten, ehe das Bad genommen wird, womöglich 1—2 Ruhestunden, sei es im Zimmer, oder noch besser, im Freien folgen. Dann folgt, etwa zwischen 9 und 11, das Bad, und ich halte wegen der gleichmässigeren Abwechslung zwischen Anstrengung und Ruhe das Baden nach dem Frühstück für entschieden zweckmässiger als das Baden vor dem Frühstück, gleich nach der Anstrengung der Brunnenpromenade. Was das Verhalten in und nach dem nun folgenden Bade betrifft, so muss man sich der physiologischen Wirkung erinnern, welche das Soolbad durch reinen Salzgehalt und durch seine etwas unter der Körperwärme liegende

Temperatur ausüben soll, und wird hieraus zunächst die
Regel entnehmen, dass man sich im Bade mässig zu
bewegen habe, damit stets neue, durch die Haut noch
nicht erwärmte, Wassertheilchen mit derselben in Berührung kommen und ihren Reiz ausüben können. Auf
das Bad soll bekanntlich so schnell wie möglich die
Reaction folgen, d. h. das durch die Contraction der
Hautgefässe während der Dauer des Bades mehr nach
den inneren Organen gedrängte Blut soll, und zwar in
reichlicherem Strome als vorher, in die Hautgefässe zu-
rückkehren. Diese Reaction, deren Ausdruck leichte
Röthung und erhöhte Perspiration der Haut und sub-
jectives Wärmegefühl sind, pflegt in der Regel bei
ruhigem, warmem Verhalten nach dem Bade von selbst
einzutreten; die besten Beförderungsmittel sind starkes
Frottiren nach dem Bade und die Bettwärme während
1—1¹/₂ Stunden. Wo sie trotzdem nicht eintreten will,
muss sie künstlich durch eine lebhafte Zimmerprome-
nade, warme Getränke oder selbst Wärmflaschen her-
vorgerufen werden. Nach dem Mittagessen, welches
reichlich und kräftig, aber, wie oben angedeutet, einfach sein soll, ist eine mehrstündige Siesta (besonders
bei starker Hitze) anrathen, auf welche dann womöglich ein 2—3stündiger Hauptspaziergang folgen soll.
Das Abendessen, welches am besten aus kalter Küche
mit Bier oder Wein besteht, sollte nicht später als
7—8¹/₂ Uhr (bei Kindern natürlich noch früher) einge-
nommen und der Tag mit früher Nachtruhe beschlossen
werden.

Zu vermeiden sind hier, wie bei jeder Badekur,

alle anstrengenden Beschäftigungen und aufregenden oder
späten Vergnügungen; ferner: zu häufige, grössere, die
Badekur unterbrechende und leicht zu Uebermüdung
oder zu Erkältungen führende Excursionen, zu welchen
freilich die ausserordentlich bequeme Lage Kreuznach's
in der Nähe der schönsten Parthieen des Rheins und
der Nahe nur zu verlockende Veranlassung gibt. Zwei
bis drei solcher grösserer Excursionen während der
Kurzeit sind höchstens zu gestatten.

Fügen wir zu diesen Vorschriften für Frauen
noch das selbstverständliche Verbot des Badens während
der Periode hinzu, so dürfte alles Beherzigenswerthe erwähnt sein, was sich im Allgemeinen über das diätetische Verhalten während der Kur sagen lässt. Es
bleibt nur noch übrig, einige Worte über das Verhalten nach der Kur hinzuzufügen. Wie die Wirkungen der Badekur, die Anregung, welche der Stoffwechsel durch sie erhalten hat, nicht sogleich nach
Beendigung der Kur aufhören, sondern noch lange im
Köper thätig bleiben, so müssen auch die auf Unterstützung oder gegen Störungen dieser Vorgänge ge-
richteten diätetischen Maassregeln noch eine Zeit lang
nach Beendigung der eigentlichen Kur aufrecht erhalten
werden. In der That scheinen auch die Patienten von
dieser Wahrheit eine dunkle Vorstellung zu haben, da
selten ein Badegast das Bad verlässt, ohne den Arzt
zu fragen, was er zur „Nachkur" brauchen solle. Man
könnte, von besonderen medicamentösen oder balneo-
therapeutischen Nachverordnungen abgesehen, auf alle
diese Fragen mit dem einen Wort „Ruhe" antworten.

Könnte man allen Patienten, welche nach einer längeren Kur fast stets in angegriffenem Zustande Kreuznach verlassen, nur immer einen zwei- bis dreiwöchentlichen Aufenthalt auf dem Lande, im Gebirge oder an der See verordnen, wo sie, ohne die hiesigen Kurmittel, die hiesige Lebensweise bei noch grösserer äusserer Ruhe fortsetzen können, man würde noch weit bessere Resultate von Kreuznach zu verzeichnen haben. Aber leider ist das oft unmöglich. Viele ruft das Amt, das Geschäft, die Familie unerbittlich nach Hause in den alten Kreis der Sorgen und unter den Einfluss der alten Schädlichkeiten zurück. In diesen Fällen bleibt dann nichts übrig, als den scheidenden Patienten für die nächsten Wochen Ruhe und Schonung dringend anzuempfehlen und ihnen, mit Berücksichtigung ihrer besonderen Berufsthätigkeit, womöglich bestimmte Vorschriften in dieser Hinsicht mitzugeben. Frauen mit Unterleibsleiden sollten sich nach der Kur stets einige Wochen hindurch als Reconvalescenten betrachten und bei möglichst vollkommener Enthaltung von allen Schädlichkeiten täglich wenigstens drei Stunden in ruhiger Lage auf dem Sopha zubringen. Kinder soll man stets zu Hause wenigstens acht Tage ausruhen lassen, ehe man sie wieder die Schule besuchen lässt. Schliesslich möchte ich wiederholen, was schon an einer anderen Stelle gesagt wurde, dass nämlich die allerverwerflichste Nachkur eine sogenannte Vergnügungsreise in modernem Styl ist.